Emmy Kraetke-Rumpf

DIE ÄRZTIN AUS QUEDLINBURG

Emmy Kraetke-Rumpf

Die Ärztin aus Quedlinburg

Das Leben der Dorothea Christiane von Erxleben

Die Originalausgabe erschien unter dem Titel
„Die Quedlinburger Doktorin"
im Jahr 1939 im Verlag v. Hase & Koehler, Leipzig.
Lizenzausgabe mit freundlicher Genehmigung von
Koehlers Verlagsgesellschaft GmbH, Herford.

Bibliografische Information Der Deutschen Bibliothek
Die Deutsche Bibliothek verzeichnet diese Publikation in der Deutschen
Nationalbibliografie; detaillierte bibliografische Daten sind im Internet
über https://dnb.de abrufbar.

11. Auflage 2024
ISBN 978-3-86122-006-0
Diese Ausgabe erschien erstmals 1992 bei
Francke-Buch GmbH
35037 Marburg an der Lahn
Umschlaggestaltung: Henri Oetjen, DesignStudio Lemgo
Satz: Francke-Buch GmbH
Druck und Bindung: CPI books GmbH, Leck

www.francke-buch.de

Draußen klappte eine Tür. Schwere, schlürfende Schritte gingen über den mit Sand bestreuten Flur. Dann schlug das große Haustor ins Schloss.

Wenn nur kein Kranker mehr kommt, dachte das kleine Mädchen Dorothea, das fertig angezogen auf einem Ruhebett lag, *dann wird der Vater gleich hier sein. Ob er mich wohl aufstehen lässt? Und vielleicht ... vielleicht geht's nachher mit der Mutter auf den Schlossberg ins Kräutergärtchen der Frau Äbtissin.*

Ganz Quedlinburg hat man von dort aus im Blick. Und es macht Spaß, aus dem Gewirr der spitzen Dächer das eigene kleine Haus am Steinweg herauszufinden. Wären nicht die hohen Türme von St. Nikolai so dicht daneben, wer weiß, ob man es so schnell entdecken würde.

Ah, da ist schon der Vater! Mit heiterem Gesicht öffnete Dr. Leporin beide Fensterflügel. Dann versuchte er sein Töchterchen, das ihm entgegengesprungen war, auf den Arm zu nehmen. Doch Dorothea wehrte sich lachend.

„Aber Vater, ich bin doch kein kleines Mädchen mehr, bald zwölf Jahre alt. Überhaupt bin ich heute so kräftig und gar kein bisschen müde."

Mit unendlicher Zärtlichkeit hing der Blick des Arztes an der schmächtigen Gestalt, die in dem rosa geblümten Kattunkleidchen noch jünger erschien. Scheu glitt seine Hand über das blasse Gesicht, in dem zwei große dunkle Augen strahlten.

„Die Sonne wird dir gut tun, Dörtchen. Es ist Zeit, dass du wieder rote Backen bekommst."

„Mir ist das Liegen gar nicht so schlimm vorgekommen, Vater, seitdem ich das Kräuterbuch von dir habe. Ich lese so gern darin."

Der Vater nickte ihr zu. Er wusste nur zu gut, was die Bücher dem häufig bettlägerigen Kind bedeuteten, und dass Dorothea die Schmerzen leichter ertragen konnte, wenn er mit dem Bruder an ihrem Bett las und arbeitete. Dabei konnte es geschehen, dass ein zartes Stimmchen aus den Kissen heraus die Lösung einer Aufgabe meldete, an der Christian noch brütete. Und lag Dorothea allein, weil alle im Haus beschäftigt waren, dann griff sie zu den Büchern und lernte.

„Vater, heute früh habe ich von der Bibernelle gelesen. Ist doch herrlich, dass der liebe Gott so wunderbare Kräfte in die kleinen Pflanzen gelegt hat; man kann es ihnen gar nicht ansehen."

„Ich habe dir heute auch wieder einen Bibernellenzimt gemacht, der wird deinen Husten und die Brustschmerzen wegnehmen, Dörte."

„Und er schmeckt auch so gut. Sag mal, Vater, war der kleine Thomas schon bei dir? Ob ihm seine Hand wohl noch weh tut?"

„Er wird noch eine ganze Weile Schmerzen haben und sich wahrscheinlich nie wieder an Vaters Flinte vergreifen. Ich habe gestern Abend den Fall noch einmal genau aufgeschrieben. Es ist allerhand dabei zu lernen."

Und nun berichtete Dr. Leporin dem aufhorchenden Kind von der Schussverletzung des Jungen. Dazwischen stellte Dorothea Fragen, aus denen der Vater merkte, wie sehr sie bei der Sache war. Plötzlich unterbrach er sich.

„Nun habe ich doch schon wieder ganz vergessen, dass du noch viel zu klein für solche Dinge bist. Und außerdem möchtest du doch ins Freie. Am Schlossberg blühen die Kastanien mit tausend Kerzen."

Rasch ging die Tür auf und schloss sich ebenso schnell wieder hinter der hohen Gestalt der Frau Leporin.

Eilig, ohne viel nach Mann und Kind zu sehen, ging sie zu dem Spiegel zwischen den Fenstern und drückte an ihrer Haube. Mehrmals band sie die Schleife auf und zu.

Viel schneller als gewöhnlich glitt aber heute ihr Blick von dem eigenen Bild weg und hinunter auf die Gasse.

Auch Dorothea war rasch näher gekommen und bog sich neugierig weit aus dem Fenster, so dass der Vater, über sie hinwegsehend, sie an den Schultern zurückzog.

Lärmend kam ein sonderbarer Zug die Straße herauf. Vorneweg ritt auf einem mageren Schimmel ein Harlekin mit einer großen Trompete, der er laute, schauerliche Töne entlockte. Hinter ihm folgte ein schwarzgekleideter Alter, dessen Satteldecke mit eigenartigen gelben Zeichen, Sternen und Totenköpfen bemalt war.

Ihm zur Seite hing auf einer klapprigen Mähre eine kümmerliche Gestalt. Vorne und auf dem Rücken baumelten diesem Reiter schreckliche Bilder von menschlichen Gebissen. Von Zeit zu Zeit hob der fremdländisch aussehende Mensch eine riesige Zange hoch, woraufhin dann die mitströmende, gaffende Menge in Gelächter und Geheul ausbrach.

„Hör auf, Kilian!", hörte man den schwarzen Reiter rufen. Doch es dauerte eine Weile, bis der Harlekin bei dem Lärm, den er selbst vollführte und der um ihn herum brandete, den Befehl seines Meisters verstand. So kam es, dass der weitgereiste, vielgerühmte Operateur und Marktschreier Dr. Hummel gerade vor dem Leporinschen Haus mit seinem Gefolge anhielt und seine schwungvolle Rede mit heiserer Stimme nichtsahnend mehr zu den Fenstern des Arztes als zur Straße gewendet vortrug.

Der Harlekin hatte inzwischen die Trompete auf den Rücken geschoben und schlug nach jedem Satz seines Meisters auf die Kesselpauke zu seiner Rechten, dass die Frauen und Kinder hell aufschrien.

Auch Dorothea hielt sich manchmal die Ohren zu, lauschte

dann aber wieder aufmerksam, was der sonderbare Fremde so laut verkündete.

Eben gerade schrie er über die Menge, und seine Stimme überschlug sich fast: „Steine, wenn sie in der Galle, in den Därmen oder im Gehirn sitzen, werden von mir aus dem Corpus humanum, will sagen dem irdischen Leib, auf die schnellste Art hinausbefördert. Man komme zu mir auf den Marktplatz, wo das Kurieren sofort beginnt. Ich heile ohne Ansehen der Person! Es wird ein Spektakel geben!

Ganz Quedlinburg wird gesund und fröhlich springen im Jahre des Heils 1727!

Wer jetzt noch humpelt, wird nach meinen Pillen und Mixturen seiltanzen können wie Kilian, mein Harlekin!"

Dieser ließ nach den Worten einen Wirbel los, dass die Zuschauer sich kreischend an die Köpfe griffen.

Der Meister zog den Schimmel des Harlekin an sich heran und gab, indem er sich im Sattel hob, dem Buntgeschminkten eine schallende Ohrfeige. Der tat, als kullere er vom Gaul, und heulte laut in ein grellrotes Taschentuch.

Die Menge johlte.

Lauter erhob sich nun wieder die heisere Stimme Dr. Hummels, und von ihrem Klang fuhr jetzt auch der dritte Reiter auf, dessen Blick bis dahin teilnahmslos über die Menschen geglitten war. Dr. Hummel wies auf ihn.

„Hier mache ich das verehrte Publikum mit dem größten Zahnarzt aller Zeiten, Signor Umberto Dentisto, bekannt! Auch er wird nachher auf dem Markt den sehr verehrten Quedlinburgern mit seiner unnachahmlichen Kunst dienen. Es soll heute Abend in diesen Mauern kein Zahn mehr mucken, noch irgendein Schmerz die Kranken quälen.

Auf zu Dr. Hummel! Auf zu Signor Umberto Dentisto!"

Kilian stieß wieder in die Trompete. Dann setzten sich die

drei Reiter in Bewegung, nachdem sie sehr huldvoll zu den Leporinschen Fenstern hinaufgegrüßt hatten.

Wie Jubelgebraus zog es hinter ihnen her.

„Verriegelt die Fenster", stieß Dr. Leporin unwirsch hervor, „ist es denn zu glauben, dass das dumme Volk diesen Pfuschern und Marktschreiern nachrennt und sein sauer verdientes Geld diesen Betrügern in den Rachen wirft! Die Wut packt einen bei solchem Wahnsinn!"

Erschrocken sah Dorothea zu dem Vater hin. So böse wurde er selten. Sie ergriff seine Hand.

„Vater, aber der Hanswurst auf dem Schimmel mit der großen Pauke, der war doch lustig, nicht?"

„Firlefanzerei, das alles!" Er schüttelte die kleinen Finger ab. „Kranksein ist eine ernste Sache und geht nicht mit Seiltanzen und allerlei Schnickschnack einher. Es kann kein Arzt die Schmerzen wegblasen, und wenn er den menschlichen Körper noch so gut kennt und die Kräfte der Natur versteht, die im Wasser, in der Erde und in den Pflanzen wohnen.

Wie wird dann so jemand helfen können, der sich nur auf die Dummheit der Leute versteht? Und diese Esel laufen ihm nach! Diese Esel!"

Mit großen Schritten durchmaß Dr. Leporin den Raum.

„Sind Eintagsfliegen, Christian, kurieren heute hier und morgen da. Die tun dir keinen Abbruch in deiner Praxis."

Gleichmütig sprach es Frau Leporin, ließ dabei die Augen ihr Spiegelbild überprüfen und zupfte an den Falten ihrer Haube.

Verständnislos sah der Arzt zu seiner Frau hinüber und hielt im Gehen inne.

„Glaubst du, ich denke an mich dabei, Anna? Solltest mich

besser kennen! Um die Kranken geht's mir einzig und allein, und deshalb habe ich einen Zorn auf die Dummheit der Menge und die Frechheit dieser Pfuscher.

Mag sein, dass dieser Dr. Hummel heute Nachmittag mehr einnimmt als ich von Weihnachten bis Ostern. Möchte aber darum doch nicht in seiner Haut stecken." Unverwandt hatte das Kind bei diesen Worten auf den Vater gesehen, und der schien zu spüren, dass ihn seine Tochter verstand. Eine warme Welle stieg in ihm hoch, als Dorothea, sich an ihn schmiegend, flüsterte: „Ein Arzt so wie du, das möcht' ich werden, kein Pfuscher. Lieber Vater!"

„Vielleicht gelingt es dir, Dörtchen", sagte er sehr ernst und fügte in Gedanken hinzu, „das warme Herz, die linde Hand und den klaren Kopf hättest du dazu."

Anna Leporin schien endlich mit ihrem Anzug zufrieden, auch das türkische Tuch lag über den Schultern, wie es sich gehörte.

Nun zupfte sie noch an Dorothea herum, glättete den hellbraunen Scheitel und knüpfte das Schürzenband neu.

„Solltest dem Kind lieber die Flausen mit dem Medizinlernen austreiben, das ist Bubensache. Ein Mädel gehört in die Küche, an das Spinnrad, an den Webstuhl, soll der Mutter helfen, nicht dem Vater ..." Sie sprach den Satz nicht zu Ende, denn Christian Leporins Blick hieß sie schweigen.

Zwingend und doch voll Güte ruhte er auf ihr, zugleich mit den dunklen Kinderaugen, in denen dieselbe Bitte stand.

„Es ist ja nur, weil ich an unserer Ältesten keine Stütze habe", lenkte Frau Leporin ein, „Ende September hole ich mir die Maria Elisabeth wieder nach Hause. Mag sich Tante Goslein in Dreyleben allein behelfen. Und nun gehen wir marktwärts, ich habe allerhand zu besorgen. Komm, Dorothea!"

Wie von einem Bann befreit, sprang das Kind durchs Zimmer.

„Fein, Mutter! Lass uns auch den Seiltänzer ansehen! Bitte! Bitte! Das muss furchtbar schwer sein."

Sie versuchte, mit seitlich gehobenen Armen auf einer schmalen Diele zu gehen. „Ich würde bestimmt runterfallen. Leb wohl, Vater!"

Noch einmal flog sie an seinen Hals, dann eilte sie der Mutter nach, die eben das Haustor aufschloss. Christian Leporin sah den beiden nach, bis sie um die Ecke verschwanden.

Dicht gedrängt standen die Menschen auf dem Rathausplatz. Alle Fenster waren von Zuschauern besetzt, sogar aus den Dachluken beugten sich neugierige Gesichter. Dorothea war es anfangs etwas ängstlich im Gemüt, und sie ließ den Rockzipfel der Mutter nicht los.

Zeitweise war es ganz still auf dem Platz, dann schwang die heisere Stimme des fremden Arztes drüberhin, die die Menschen auf sonderbare Weise anzog und ihnen die Groschen aus der Tasche lockte.

Selig, als seien alle Hoffnungslichter in den Augen neu entbrannt, humpelte ein altes Mütterchen eiligst davon und barg ein himmelblaues Tütchen wie eine Kostbarkeit im Brusttuch.

„Mohn, einfacher Mohn, keine zwei Pfennige wert! Aber in buntes Papier gewickelt, mit einer einfältigen Beschreibung, die nichts als Lüge ist, kostet sechs Groschen." Ein älterer Mann stieß das hohnlachend hervor und führte seine Frau, die auch schon Gelüste nach Dr. Hummels Wundersalz trug, schnell aus der Menge.

In der Lücke, die durch das Weggehen der beiden entstand, schob sich Dorothea, mutig geworden, nach vorn.

Nun konnte sie sehen, was hier eigentlich vorging.

Ein Gerüst mit einer Leiter war in aller Eile errichtet worden, und nun wurde ein Seil gespannt, zwar nicht gerade zwischen zwei Kirchtürmen, wie man nach Dr. Hummels Worten hätte annehmen können, aber doch so hoch, dass man es mit den Händen nicht erreichen konnte.

Wie gebannt starrte Dorothea auf den Harlekin. Alles um sie her schien zu versinken, und ihr klopfendes Herz wünschte nichts sehnlicher, als dass das Seillaufen schnell und glücklich vorüberging.

Dr. Hummel hatte indessen gar keine Eile. Erst sollte tüchtig gekauft werden. Man zögerte ihm heute zu viel; in Goslar war das Geschäft weit besser gewesen. Immer wieder pries er seine Pillen an und schenkte gegen Magenschmerzen bitter schmeckende Tropfen aus, für die er jedes Mal einen Groschen einheimste. Dann horchte er umständlich den Leib eines alten Mannes ab und meinte, die Steine klopfen zu hören, die er mit schwarzen Pillen beschwichtigen und auflösen wollte. Zwischendurch trat auch die Zange des Signor Umberto Dentisto in Tätigkeit, was meist von Schreien und Fluchen begleitet war. Als eine besonders hartnäckige Wurzel durchaus nicht weichen wollte und ein zappelndes Etwas in des Zahnbrechers Armen hing, befahl Dr. Hummel seinem Harlekin, aufs Seil zu gehen. Er jagte den absichtlich stolpernden Kilian vor sich her, der mit lautem Schreien die Aufmerksamkeit auf sich zog. Aller Augen hingen an dem Seil, zu dessen einem Ende der Hanswurst hinaufkletterte. Unbeobachtet zog oder richtiger brach indessen Signor Umberto den Zahn aus, versehentlich ging der halbe Kiefer mit. Während die Menge Kilian zujubelte, brachte der Pfuscher den Ohnmächtigen in das Zelt, vor dem er arbeitete.

Inzwischen – es dunkelte bereits ein wenig – torkelte der Harlekin auf dem Seil, als beträte er es zum ersten Mal in seinem Leben. Er trat zwei Schritt vor wie taumelnd, dann hastete er zurück und schluchzte laut in sein rotes Taschentuch. Beim nächsten Mal ging es schon besser. Es war dies alles nur ein Spiel zum Schein, aber Dorothea glaubte hier wirklichen Kummer zu sehen, und während man um sie herum vor Lachen brüllte, zog sich ihr Herz schmerzvoll zusammen. „Kilian, nicht!", hätte sie rufen mögen und folgte mit ängstlichen Blicken den Schritten des Seiltänzers, der die Mitte seiner Bahn erreicht hatte. Sie sah sein rotes Tuch flattern. „Wenn er nur erst ...", flüsterte sie bang und schätzte mit den Augen den Weg bis zum Ende des Seils ab.

Da, ein Schrei ... markdurchdringend aus vielen Kehlen ... und dann Stille, unheimliche Stille, in die die heisere Stimme Dr. Hummels schrillte: „He, Kilian, Tölpel, noch einmal!"

„Ach, es ist wohl nur ein Spaß", meinte eine dicke Bauersfrau neben Dorothea, „er geht gleich wieder rauf, pass auf."

Das Kind schüttelte ungläubig den Kopf und schob sich langsam nach vorn. So stand sie schließlich unter dem Seil. Am Boden lag Kilian. Über sein kreidig geschminktes, bunt bemaltes Gesicht floss unaufhörlich Blut.

Vergeblich versuchte Dr. Hummel, die Schau- und Kauflustigen zurückzuhalten. „Jeder zweite Zahn wird umsonst gezogen!", brüllte er über den leerer werdenden Marktplatz.

Auch die Pillen, nun zum halben Preis angeboten, lockten ebenso wenig wie ein Freitrunk vom Wunderelixier.

„Gib deinem Harlekin lieber etwas von deinen Zaubertropfen", rief einer aus der Menge. „Kümmere dich um den armen Kerl, der hat's nötiger als wir", stimmten noch andere ein und drohten mit der Faust.

Da endlich wandte sich Dr. Hummel nach Kilian um. „Steh auf, Tölpel, mir das ganze Geschäft zu verderben!"

Jäh aber hielt er die Schimpfworte zurück und sah auf das kleine Mädchen, das wie selbstverständlich neben dem Harlekin kniete. Ganz ihres Vaters Tochter, hatte Dorothea ihre Schürze abgebunden und legte sie über die klaffende Stirnwunde. Langsam befühlte sie dann den eingeknickt liegenden Arm und bewegte ihn so behutsam, wie sie es neulich den Vater hatte tun sehen, als der Dachdecker Jörg ihm verletzt ins Haus gebracht worden war.

„Der muss zum Arzt." Dorothea sagte es ganz ruhig. Sie war mutig wie noch nie. Dr. Hummel kam ganz dicht auf sie zu. „Der Arzt bin ich! Verstehst du? In einer Stunde geht Kilian wieder übers Seil!"

Er sagte es erst wie drohend zu dem Kind, dann schrie er es laut über den Platz und schlug dabei auf die Pauke, die neben der Leiter stand, dass der bewusstlose Harlekin zusammenzuckte, als versuche er, dem Befehl seines Herrn nachzukommen.

Aber Dorothea blieb dabei: „Er muss zum Arzt!"

„Recht hat sie, es ist ja dem Leporin seine", ließ sich ein junger Mensch vernehmen und winkte seinem Freund. Und als stände gar kein Dr. Hummel mehr auf dem Markt, hoben sie den Verletzten hoch. „Schnell zum Dr. Leporin nach dem Steinweg."

„Hier noch einer ... auch Doktor mitnehmen ..."

Signor Umberto Dentisto hob verlegen den Vorhang zum Zelt, wo der von ihm behandelte Bauernjunge sich in Schmerzen wand.

Es sah aus, als wollte sich Dr. Hummel auf den zitternden Italiener stürzen, aber zwei starke Burschen schoben ihn einfach beiseite und nahmen den stöhnenden Jungen in ihre Mitte.

Langsam bewegte sich der Zug, dem Dorothea voraneilte, dem Doktorhaus zu.

Anna Leporin war gleich nach dem Sturz des Seiltänzers, von Entsetzen gejagt, nach Hause gestürzt, in der Annahme, die Kleine, die nicht mehr an ihrer Seite war, sei auch heimgelaufen. Nun saß sie noch zitternd in Haube und Tuch, kaum fähig, etwas zu berichten, in der Küche. Gerade wollte der Doktor sich aufmachen, nach Dorothea zu sehen, da schellte die Hausglocke. Und als er öffnete, stand sein Kind vor ihm. Sehr bleich sah das Mädchen aus, aber es berichtete dem Vater kurz und klar, was geschehen war.

Da kam der Zug mit den Verletzten auch schon heran. Der Doktor ging ihm entgegen, während Dorothea in der Stube den Kasten mit den Leinenbinden und den Salbentopf zurechtstellte und die Instrumente des Vaters aus dem Schrank nahm. Als die Mutter in der Küche wegen des langen Ausbleibens ein Lamento anhob, schwieg das Mädchen und bat nur um etwas heißes Wasser und um einen Kienspan. Sie wollte dem Vater das Licht halten bei seiner Arbeit. Der aber schob sie sanft zur Tür hinaus. „Du hast heute sehr viel geleistet, Dörtchen, die anderen haben mir eben davon erzählt. Leg dich nur hin. Ich komme nachher zu dir."

Da ging ein sehr zartes Leuchten über das blasse Kindergesicht. „Ich bin so froh, dass du dem armen Kilian helfen kannst und dem anderen auch, Vater, lieber Vater."

Herr Magister Tobias Eckhard, Rektor des Gymnasiums zu Quedlinburg, ging an einem schönen Juninachmittag des Jahres 1732 nachdenklich in seinem Garten auf und ab. Er beschäftigte sich dabei mit einer lateinischen Klassenarbeit, die er morgen die Schulter der obersten Klasse schreiben lassen wollte. Zuweilen blieb er stehen und schrieb etwas in sein Buch, das er neben Schnupftuch und Tabaksdose in der weiten Tasche seines Rockes bei sich trug.

Nicht zu leicht sollte die Arbeit werden, aber auch nicht zu schwer. Nein, er dachte nicht daran, den Schülern durch knifflige Fragen Fallen zu stellen.

Sein feines, kluges Gesicht leuchtete mit einem Mal auf, als er in seiner Wanderung innehielt.

„Da ist ja ... ja wirklich ..." Der Magister bückte sich tief zur Erde. „Da ist also wahrhaftig die Melisse gekommen, und da auch der Salbei", rief er freudig nach der Laube hin, wo die Frau Magister mit der Magd die Wäsche einsprengte.

„Ich komme gleich gucken, Tobias, ich will nur noch der Lise bei dem letzten Laken helfen", kam die Antwort durch den Garten.

Und bald darauf stand die Frau des Magisters ebenfalls entzückt vor dem Kräuterbeet.

„Das wird die Jungfer Leporin freuen, dass ihr Samen so gut aufgegangen ist. Und ich muss nicht mehr jedes Mal aufs Schloss, wenn ich einen Tee brauche. Sie war übrigens sehr lange nicht mehr hier, die Jungfer Dorothea?"

Es klang halb wie eine Frage, hinter der man Neugier vermuten konnte, und war es doch auch nicht. Es war nur ein freundlicher Anstoß dieser gütigen Frau, den Mann auf sein Lieblingsthema zu bringen, auf seine Schülerin Dorothea Leporin. Das feine, schlanke Mädchen mit den dunklen Augen war das große Glück dieses alternden Ehepaares, dem eigene Kinder versagt geblieben waren.

Von dem Tag an, als Vater Leporin seine kleine Tochter vor fünf Jahren zu ihm gebracht hatte mit der Bitte, sie in der lateinischen Sprache und den klassischen Schriftstellern zu unterrichten, hatte Tobias Eckhard Dorothea in sein Herz geschlossen. Und sonderbar, mehr als bei irgendeinem seiner Schüler hatte er in diesem Mädchen die Liebe zu den alten Wissenschaften wecken können.

„Ich glaube, ich kann Dorothea nun nichts mehr beibringen, Sophie, sie liest und spricht das Lateinische wirklich vollendet und vermag die schwierigsten Sätze schnell und richtig zu übertragen. Sie hat auch wenig Zeit jetzt, denn Frau Leporin möchte ihr am liebsten den ganzen Haushalt aufbürden. Es ist manchmal ein bisschen zu viel für die Siebzehnjährige, da sie doch auch noch dem Vater hilft und ihn bei seinen Krankenbesuchen begleitet.“

„Mach dir doch keine Sorgen, Tobias, es ist ganz gut, wenn das Mädchen der Mutter zur Hand geht und tüchtig in der Hauswirtschaft wird. Sie bleibt sicher nicht allzu lange unverheiratet, denke ich. Und vielleicht ist es klüger, der Doktor legt eine Aussteuer für seine Tochter hin, statt für Studiengeld zu sparen.“

Magister Eckhard lachte leise auf.

„Vielleicht hast du schon jemanden ins Auge gefasst, Sophiechen. Aber da habe ich auch noch ein Wort mitzureden. Das muss ein ganz besonderer Kerl sein, dem wir unsere Dorothea geben.“

„Wir? Unsere Dorothea?“ Nun war das Lachen an der kleinen runden Hausfrau. „Glaubst du etwa, dass wir dabei gefragt werden?“

„Wenn nur nicht die Leporinin den Ausschlag gibt, sondern Dorothea selbst“, meinte der Magister.

„Was du für neumodische Ideen hast, Tobias!“

So plätscherte das Gespräch noch eine Weile gemächlich dahin. Vergessen waren Gymnasium und Klassenarbeit.

Aber nach dem Abendbrot, als der Rektor seine Bücher für den nächsten Tag ordnete, fiel ihm die Lateinarbeit wieder ein. „Sophie, geh ruhig zu Bett, ich muss noch arbeiten." Liebevoll küsste er die helle Stirn unter dem grauen Scheitel. „Aber nicht zu lange, Tobias! Die Lichter kosten Geld!" Sie schmiegte sich zärtlich an ihn. „Gute Nacht!" Droben in seiner Studierstube saß der Magister noch lange am offenen Fenster. Die Linden dufteten herein, und in dem Garten des ehemaligen Klosters, das jetzt Gymnasium war, schluchzte eine Nachtigall ihr wundersames Lied.

Fein säuberlich geschrieben lag die Lateinarbeit für morgen vor ihm. Es wäre an der Zeit gewesen, zu Bett zu gehen. Aber Magister Eckhard lehnte sich weit aus dem Fenster und sog die würzige Nachtluft ein.

Droben im Schloss, der Wohnstätte adliger protestantischer Damen, brannte auch noch Licht. Sicher saß die Frau Äbtissin rechnend über den Büchern.

Er sah sie vor sich, die herbe Maria Elisabeth, Herzogin von Holstein, deren Händen die Leitung des weltlichen Stifts Quedlinburg anvertraut war.

Man hatte nicht gern im Bösen mit ihr zu tun, und der ewige Kampf mit dem Preußenkönig, in dem sie schmählich unterlegen war, hatte sie noch härter gemacht.

Da saß sie nun und arbeitete in der Nacht, schrieb vielleicht wieder Briefe nach Berlin. Die Zwangsrekrutierungen Friedrich Wilhelms I. in Quedlinburg waren auch wirklich zu unüberlegt und mussten böses Blut machen. Von der Schulbank weg hatte man ihm ja die Jungen geholt und ins Heer gesteckt.

Seufzend strich sich der Magister über die Stirn.

Eine prächtige Frau war sie doch, die Äbtissin, und in einem Punkt, der von beiden oft auf der Bank im Kräutergarten der

Burg erörtert wurde, waren sie sich ganz einig: in ihrer fürsorgenden Liebe zu Dorothea Leporin.

Der Alte hatte eigentlich, an seine sparsame Hausfrau denkend, das Licht löschen wollen, aber da schickte die Nachtigall ihre Weise so verführerisch zu ihm herein, dass es dem Magister ganz seltsam zumute wurde.

Wenn ich jetzt ein Dichter wäre, dachte er und sah dabei seinen Liebling Dorothea vor sich.

Er meinte, Schritte auf der Gasse gehört zu haben ... und sah hinaus. Draußen leuchtete eine Laterne auf und zwei Gestalten eilten vorüber. Ihre Tritte hallten laut auf den Pflastersteinen. Die Nachtigall hielt mitten im Schlagen inne, als horche sie ebenso wie der Magister hinter den beiden her. *Vater und Tochter so spät noch auf Krankenbesuch,* wunderte sich der Rektor und schloss das Fenster nach der Gasse.

Vom Klostergarten her lockte schon wieder die Nachtigall.

Dorothea ... Tobias Eckhard nahm einen feinen Bogen Papier aus der Schublade und spitzte einen Federkiel. Das Mondlicht fiel jetzt ganz breit auf das Blatt, als wolle es die langsam herunterbrennende Kerze unterstützen.

Frau Sophie war längst über dem Warten auf den Eheliebsten eingeschlafen, da glitt die Feder des Magisters noch eifrig über das Papier.

In zierlichstem Latein, ein wenig steif, schrieb er:

Magister Tobias Eckhard sendet einen Gruß der vornehmen und tugendsamen Jungfrau Dorothea Leporin! Ich schicke Euch das Übungsheft zurück, in dem kaum etwas steht, was verbessert werden müsste. Darum beglückwünsche ich Euch zur Frucht Eures Fleißes und wünsche Euch weitere Vervollkommnung in den alten Sprachen. Ich sende Euch griechische und lateinische Briefe der Olympia Fulvia, einer sehr frommen und hochgebildeten Frau aus Konstantinopel. Diese Briefe und andere Schriften ihres Geistes bezeugen Bildung und sprechen von einer Liebe zum Glauben. Und das alles, während sie eine Verbannung aus religiösen Gründen auf sich genommen hat. Ihre Bildung erinnert an die der Laura Catharina Maria Bassi, die am 12. Mai in Bologna Titel und Ehre eines Doktors der Philosophie erlangt hat.

Ich wünsche Euch, liebe Dorothea, dass Ihr das Lob dieser Gelehrsamkeit ebenso erreichen möchtet, und wenn nicht auf feierliche akademische Weise, so doch auf andere Art mit dem Doktortitel geschmückt würdet. Grüßet bitte Eure lieben Eltern in meinem Namen!

Quedlinburg, den 21. Juni 1732.

* * *

„Der Weg zur Tugend steht für alle offen,
Auch Evas Töchter lockt derselbe Ehrenpreis.
Kommt, sucht ihn, eilt, bemühet Euch mit Fleiß,
So habt Ihr tausend Lust zu hoffen.
Was hoffen? Dringt hinauf zu Pindars' edlen Zinnen,
So habt Ihr, was man kann auf dieser Welt gewinnen.
Ich schreibe nur noch eine Zeile
Ach, hasset doch die blinden Vorurteile!"

Die Äbtissin Maria Elisabeth las halblaut diese Verse, mit denen Vater Leporin die bereits vor Jahren verfasste kleine Schrift seiner Tochter Dorothea: „Reflexion über das Studieren und die akademischen Würden der Frauen" in der Welt hinausgehen ließ.

Lange Zeit ruhte ihr Blick auf der Schlusszeile.

Vorurteile! Sie seufzte. *Und noch dazu gegen die Leistung einer Frau! Die werden immer bestehen. Jede Einzelne hat es aufs Neue zu beweisen, dass sie etwas kann, stets wird sie gegen Misstrauen ankämpfen müssen.*

Aber solche wie Dorothea werden siegen, weil sie ganz Frau bleiben bei aller Schärfe des Geistes. Ich konnte es nicht, dachte sie weiter, *wer hat bei mir danach gefragt, ob ich ein Weib war. Man wollte, dass ich herrschen sollte, so wurde ich herrisch. Zu sehr kroch man vor mir, da wurde ich hochmütig. Aber dass man mir Ungerechtigkeit antat, das machte mich bösartig und unbotmäßig gegen den König.*

Jedermann sei untertänig der Obrigkeit ... Ja, so stand's in der Bibel. Maria Elisabeth wusste es wohl.

Aber wenn Obrigkeit ungerecht ist, dann werden die Menschen schlecht, handeln sogar wider besseres Wissen. Denn dann hassen sie.

Wie sie ihn gehasst hatte, diesen Friedrich Wilhelm in Berlin! Daran änderte auch sein Tod nichts.

Diesen Hass würde sie mit ins Grab nehmen.

Durch den Puder leuchteten ihre flammenden Wangen; sie fächelte sich mit dem Spitzentüchlein Kühlung zu. Dass sie sich immer so erregte! Und sie wollte doch in der kleinen Schrift von Dorothea Leporin blättern.

Sie las noch einmal die holprigen, aber darum doch so rührenden Verse des Vaters. Alles, was er bei seiner Frau entbehrte, schenkte ihm die Tochter.

Solche Liebe, das muss Glück sein, dachte die Äbtissin und vertiefte sich in das Buch.

Doch die Unruhe verließ sie nicht. Sie blätterte mit den schmalen beringten Fingern, ohne eigentlich zu lesen.

Alles in ihr war in Aufruhr, seitdem sie wusste, dass der Gesandte des neuen Königs von Preußen zu ihr unterwegs war. Sie war wie eine, die da hungert und dürstet nach Gerechtigkeit. Sie hoffte, seit sie ein wundervolles Wort Friedrichs II. gehört hatte. Nach dem Gedächtnis hatte sie es aufgeschrieben und klammerte sich an seinen Sinn: „Des Fürsten Amt ist es, hilfreich zu sein. Wie das Herz aus allen Gliedern das Blut in sich aufnimmt und es ihnen wiedergibt, so nimmt der Fürst Treue und Gehorsam von seinen Untertanen entgegen und spendet ihnen allen dafür Überfluss, Glück und Ruhe!" *Allen, steht da,* dachte sie weiter, *auch den Frauen, auch ihr und der jungen Leporinstochter, deren Wege nicht alltäglich sind.* Sie griff wieder zu der vor ihr liegenden Schrift. Nun blätterte sie nicht mehr unschlüssig herum, nun las sie.

„... Die Bemühung, den Verstand zu schärfen, deutlich und gründlich zu denken, seinen Willen an die Ausübung der Tugend zu gewöhnen, kann der Anweisung zu den häuslichen Verrichtungen und der Ausübung derselben nicht nachteilig sein, ja es ist eine nach vorgesetzter Beschreibung studierende Frau desto geschickter und williger, die Pflichten einer guten Hauswirtin und Ehegattin zu erfüllen, je gelehrter sie ist.

Wenn die Zeit, welche überflüssig verschlafen, unnötig verputzt, unnützlich verplaudert und verspielt wird, zum Studieren aufgewendet würde, so bliebe noch allemal genug Zeit zum Studieren übrig ..."

„Sehr richtig", flüsterte Maria Elisabeth und machte ein Zeichen an dieser Stelle. Dann fuhr sie mit dem Lesen fort:

„Da nun weder die Gesetze noch die kaiserlichen Privilegien einen Unterschied des Geschlechts machten, so würde es eine auf keine Weise zu entschuldigende Unbilligkeit der Männer sein, das weibliche Geschlecht vom Studieren auszuschließen.

Gelehrte und tugendhafte Frauen sind eine Zierde des menschlichen und ein wahres Vergnügen des männlichen Geschlechts, worauf kein Missvergnügen und keine Reue folgen. Insbesondere würden gelehrte Männer von solchen Frauen in ihrem Hauswesen keinen Nachteil haben, sondern in der Erziehung der Söhne und in der Führung der Töchter einen wahren Vorteil erhalten.

Hätte sich die eine oder andere geschickt gemacht, die Gesundheit der Kranken zu besorgen und einem Arzt mit gründlichem Rat und Tat beizustehen, so müsste man solche als den wahren Gegensatz der Pfuscher und Pfuscherinnen eher vorziehen als unterdrücken.

Es würde auch selbst das weibliche Geschlecht bei einem gründlichen, erfahrenen, geprüften und rechtmäßig bestätigten Arzt ihres Geschlechts besser versorgt sein als bei den häufig zudringlichen Pfuschern beiderlei Geschlechts ...“

Maria Elisabeth hatte das Klopfen an der Tür überhört. Leise räusperte sich der Diener. Sie winkte ihn heran.

„Seine Exzellenz, der Preußische Gesandte, Herr Regierungspräsident von Lüderitz, und seine Exzellenz, der Herr Stiftshauptmann von Plotho.“

„Ich lasse die Herren bitten!“

Fremd klang die Stimme dem Lakaien, weicher als gewöhnlich.

Schnell noch ein paar Tropfen Lavendel an die Stirn.

Einen Blick in den Spiegel.

Da steht der Abgesandte des Königs von Preußen mit seinem Begleiter schon im Zimmer. Die Tür schließt sich hinter ihnen, sie verneigen sich tief.

Mit einem erzwungenen Lächeln auf dem strengen Gesicht reicht Elisabeth die Hand zum Kuss. Eine Bewegung lädt die Herren zum Sitzen ein.

Es knistert die dunkelviolette Seide, als die Äbtissin sich in einem Sessel niederlässt.

Man hat am preußischen Hof allerhand von der Herrschsucht dieser Frau zu sagen gewusst. Friedrich II. selbst riet zur Vorsicht. Es liegt ihm daran, die Herzogin zu versöhnen.

Der Gesandte von Lüderitz spricht darum sehr liebenswürdig. Er hat einen so netten Augenaufschlag dabei und sagt Komplimente, für die sich Maria Elisabeth eigentlich schon zu alt vorkommt, und die doch so wohl tun, die das starre Lächeln lösen und freundliche Worte über die Lippen locken.

Der von Plotho nickt höflich, wenn es die Rede verlangt, und wartet im Stillen nur auf den Augenblick, wo er den Vertrag, um dessentwillen sie hier sind, zur Unterzeichnung vorlegen kann. Es dauert ihm ein bisschen lange. So viel Federlesens wegen einer Frau, denkt er. Der König befiehlt, und damit ist's gut. Herr von Lüderitz dagegen fühlt, wie seine Worte wohl tun, und dass er seinem Monarchen keinen größeren Dienst erweisen kann, als wenn er hier behutsam zu Werke geht. Ein gebrochener Glaube ist nicht so schnell wieder aufgerichtet, und der Gesandte tut, als merke er die Ungeduld des anderen nicht.

Maria Elisabeth ist anfangs wortkarg. Sie hat sich vorgenommen, sehr förmlich zu sein. Aber je mehr sie von den Absichten des neuen Königs hört, je klarer ihr die Worte des Gesandten das Bild des Herrschers malen, umso leichter wird der Druck auf ihrer Brust.

Die Rechte in der Verwaltung des weltlichen Stifts Quedlinburg, vor allem in den Dingen der protestantischen Kirche, werden der Äbtissin ausdrücklich neu bestätigt.

Nun kommt also der Friede. Alle Zweifel, die sie vorher beschlichen, sind weg. Sie glaubt, will wieder glauben.

Nun fällt es ihr nicht schwer, Worte der Verehrung auszusprechen. Ach, dass der König in diesem Augenblick nicht vor ihr steht!

Die Herren haben sich erhoben und hören den ehrlichen Treueschwur, der aus diesem herben Frauenmund besonders schwer zu wiegen scheint.

Dann kratzt eine Feder über das Papier.

„Ein wundervolles, ein segensreiches Jahr", sagt Maria Elisabeth, als sie die Zahl 1740 schreibt und ihren Namen daruntersetzt.

Der Stiftshauptmann empfiehlt sich zuerst, dann neigt sich der von Lüderitz tief über die Hand der Herzogin.

In der Tür – Herr von Plotho ist schon auf der Treppe – hält ein Wort Maria Elisabeths den Gesandten zurück.

Sollte sie noch Zusätze machen, Einschränkungen? Mit fragendem Blick lässt er sich noch einmal auf die Bitte der Äbtissin nieder.

Diese sitzt am Schreibtisch und blättert, ohne hinzusehen, in der Schrift der Dorothea Leporin. Wie eine Mutter von der Tochter spricht sie nun von der jungen Ärztin. Herr von Lüderitz findet die Sache ein bisschen lächerlich.

„Mein Gott! Ein Blaustrumpf! Wie schrecklich!", wirft er ein, als er hört, dass diese Gelehrte lateinisch so gut wie deutsch verstehe. „Darin sind die Männer doch alle gleich. Blinde Vorurteile!" Unwillkürlich gebraucht Maria Elisabeth Vater Leporins Worte.

Dann schildert sie, wie hilfreich die Arzttochter den Kranken zur Seite steht, und dass sie sich vor keiner Arbeit scheut.

„Unappetitlich", denkt Herr von Lüderitz und meint, „sicherlich ist es ein ältliches, unschönes Mädchen."

Die jungen Damen seiner Bekanntschaft kann er sich einfach nicht vorstellen bei einer Beschäftigung, wie diese Dorothea sie liebt.

Nun lacht aber die Äbtissin hell auf.

„Nein, Herr von Lüderitz, mein Schützling ist weder alt noch hässlich, sondern ein feines, hübsches Mädchen von fünfundzwanzig Jahren."

„Dann soll sie doch heiraten", entfährt es dem Gesandten.

„Das wird sie wahrscheinlich auch, und ich wünsche es ihr."

„Na, und ...? Darf ich fragen, warum Sie gerade mir das alles erzählen?"

Eine leichte Röte steigt in Maria Elisabeths Gesicht, dann antwortet sie: „Dorothea Leporin, die Tochter eines hiesigen Arztes, möchte mit ihrem Bruder, dessen Studien sie zum großen Teil mit ihm gemeinsam betrieben hat, in Halle zum Doktor promovieren."

Das Gesicht des Herrn von Lüderitz war nicht gerade geistreich in diesem Augenblick.

„Eine Frau ... und promovieren?" Er schüttelte den Kopf.

„Und um Himmels willen, was soll ich dabei tun?"

Die Geschichte fing an, ihm ungemütlich zu werden.

„Weil unser gnädiger König allen Untertanen Gerechtigkeit widerfahren lässt, so wird er auch die Frauen nicht ausnehmen wollen, wie er mir das bereits bewiesen hat. Er möge der Jungfer Dorothea Leporin gestatten, in Halle zu promovieren. Sie selbst hat an den König ein Schreiben aufgesetzt, und ich möchte Sie bitten, der Überbringer zu sein. In diesem Brief fleht die Jungfer gleichzeitig Seine Majestät an, den Bruder, der im Marwitzschen Regiment in Halberstadt dient, für die Beendigung seiner medizinischen Studien und die Promotion in Halle freizulassen.

Wollen Sie, Exzellenz, ihr Fürsprecher sein?"

Das Letzte war so zwingend liebenswürdig gefragt, dass der Gesandte nicht anders konnte, als das Schriftstück entgegenzunehmen und die ihm gebotene Hand an die Lippen zu ziehen.

„Ich will mein Möglichstes versuchen", sagte er zögernd, „Seine Majestät wird staunen über das schöne Quedlinburger Kind, das seinen medizinischen Doktor machen will."

„Aber lachen wird er nicht, wenn es um das Glück eines seiner Untertanen geht, und sei es auch nur eine Frau", meinte Maria Elisabeth, „davon bin ich felsenfest überzeugt."

Als der Gesandte sie verlassen hatte, gab sich die Äbtissin ganz dem Gefühl der Erleichterung hin. Nun also würde Frieden werden!

Auch Dorotheas Wege würden in das ersehnte Ziel einmünden. Und dann, als sei nichts gewesen, las sie weiter in der Schrift der jungen Arzttochter.

* * *

Ein herrlicher Maitag stieg über Quedlinburg herauf und tauchte die vieltürmige Stadt in Licht und Luft.

Dorothea Leporin war frühzeitig aus dem Haus gegangen, als alles noch schlief, und war den Schlossberg hinaufgestiegen. Sie fröstelte in dem duftigen Sommerkleid mit den rosa Tupfen, von dem die lahme Tilde Berndet, als sie es liebevoll nähte, meinte, dass Dorothea Großes darin erleben werde. Und dabei hatte die kleine Schneiderin, der die junge Ärztin so oft in ihren Schmerzen beistehen musste, etwas von Freiern und Verlobung getuschelt.

Dorothea hüllte sich fester in ihren Schal.

Sie dachte an die letzte Anprobe, und behutsam über die neue Pracht streichelnd, musste sie lachen. Sie hatte, wenn sie sonntags mit den Eltern durch den Brühl ging, schon manchen vielsagenden Blick verliebter junger Männer aufgefangen, und auch sie kannte unter ihren Tänzern den einen oder anderen, den sie gern leiden mochte, aber ihr Herz hatte noch nicht gesprochen. Sie dachte an ihre Freundin Sophie, die Pfarrerin Erxleben. Ja, es müsste schön sein, so wie sie als geliebte Hausfrau und Mutter schalten zu dürfen.

Aber sie mochte keine Pläne machen. Der Anblick der Stadt zu ihren Füßen nahm sie ganz gefangen.

Zärtlich schweiften ihre Augen über die Dächer und blieben an dem spitzen Giebel ihres elterlichen Hauses haften, der in einer Linie mit den Doppeltürmen von St. Nikolai stand. Eine dünne Rauchsäule sah sie aus dem Schornstein aufsteigen. Sicher schürte Katrin das Feuer und setzte die Mehlsuppe auf. Und dann würde der Vater zur Feier des Pfingstfestes eine Tasse Kaffee bekommen, und sie würde er ein bisschen nippen lassen von dem kostbaren Getränk.

Ja, der Vater! In Gedanken wurde ihr ganz warm ums Herz, es zog sie förmlich nach Hause. Beim Abwärtssteigen geleitete sie der Schall der Glocken, die von allen Seiten her ihren Klang über die Stadt sandten. Laut dröhnend hallte es vom Dom, dem sie noch ganz nahe war, und daher konnte sie kaum das leise Bimmeln von St. Wiebert vernehmen. Die Blasiuskirche dagegen läutete recht vernehmlich den Pfingstgruß mit ihren Glocken, die so alt waren wie Dorothea selbst. *Ein Vierteljahrhundert,* dachte sie und kam sich sehr alt vor. Lauschend blieb sie stehen, und richtig, da tönte, wenn auch etwas verspätet, vom Markt her der Dreiklang von St. Benedikt, dem sich der hellere von der Ägiduskirche zugesellte, von deren beiden Türmen der eine vom Blitz zerstört worden war.

Dann ruhte der schweifende Blick ganz rechts auf St. Nikolai, die ihr die liebste von allen Kirchen Quedlinburgs war. Sie war ihr die vertrauteste, denn Mutter hatte ja schon als Kind dort im Pfarrgestühl gesessen, wenn Großvater Meineke predigte. Und seit drei Jahren war ihre Kusine und beste Freundin Sophie Pfarrerin von St. Nikolai. Von den beiden Türmen schwangen voll die Glocken, als Dorothea in den Steinweg einbog. Der Schall verfing sich in den engen Gassen und hallte an den Häusern wider.

Die Familie Leporin saß schon am Frühstückstisch, als Dorothea ins Haus trat. Nur die Mutter war aufgestanden und pflückte im Garten ein Pfingststräußchen fürs Gesangbuch. Auch der jüngste Bruder hatte den Teller schon leer und wartete nur, ob die große Schwester noch etwas übriglassen würde. Katrin löffelte eifrig die dicke Suppe und unterbrach diese Tätigkeit nur, um Dorothea einen Teller zu füllen.

„Dörtchen", fing der Vater nach der herzlichen Begrüßung an, „die Frau Goezze war heute schon in aller Frühe hier. Sie ist dir so dankbar und fand kaum Worte, um ihr Gefühl auszudrücken. Die Arnikaumschläge haben ihrem Mann geholfen, auch das Fieber ist weg. Hatte der Pfuscher ihr doch gesagt, sie könne ihren Mann zu Pfingsten ins Grab legen."

Eine helle Röte stieg Dorothea in die Wangen. Ganz stolz richtete sie sich auf. „Ich bin so glücklich, Vater!"

Da kam Frau Leporin herein und mahnte zum Aufbruch. Lebhaft bedauerte sie, dass ihre beiden ältesten Kinder, der Christian und die Maria Elisabeth, den Kirchgang nicht mit ihnen halten konnten. „Übers Jahr werden wir wohl wieder alle beisammen sein, und dann gibt's Hochzeit, denn der junge Kramer will nicht länger auf die Marlies warten", tröstete sie sich schnell selbst.

Unterwegs hörte Dorothea kaum auf den festlichen Glockenklang, der vielfältig über die Stadt hinwogte. Sonderbar, sie konnte sich heute nicht zur Andacht sammeln. Immer wieder musste sie daran denken, wie sie die Behandlung des Magisters Goezze gegen den Willen des vorher geholten Pfuschers durchgesetzt, und wie sie gesiegt hatte. Gesiegt über Krankheit ...

und Tod. Stolz erfüllte ihre Brust, und sie trug den Kopf höher als sonst.

„Sittsamer! Geh nicht so eitel, Dorothea!", raunte die Mutter ihr zu, als sie auf den Kirchplatz traten. Und Dorothea erschrak vor sich selbst.

Die andächtige Menge füllte bereits das Kirchenschiff und die Emporen, als Dr. Leporin mit seiner Familie dem gewohnten Platz zustrebte. Erst als der Doktor das Pfingstlied aufschlug und seiner Frau beim Suchen half, merkte er, dass Dorothea nicht bei ihnen war. Auch Frau Anna sah sich um und fragte leise den Jüngsten, der kopfschüttelnd seine Blicke durch die vollbesetzte Kirche schweifen ließ. Doch der Vater wies ihn zurecht, und gleich darauf begann auch der Gottesdienst.

Noch stand die Kirchentür weit offen, und der Schall der Orgel drang hinaus auf den sonnigen Platz und hinüber in die geöffneten Fenster des Pfarrhauses. Magdalenchen, des Diakons Erxleben ältestes Töchterchen, ein Mädchen von acht Jahren, hatte Tante Dorothea hereingerufen, gerade als sie bei dem schmalen Durchgang vom Steinweg zum Kirchplatz etwas zurückgeblieben war.

„Mutter weint so sehr, und der Vater musste doch in die Kirche, kommt mit, Tante Dörte! Ich fürchte mich."

Keinen Augenblick hatte Dorothea gezögert, schnell war sie dem Kind gefolgt. Die kleine rundliche Pfarrfrau, Dorotheas sonst immer heitere Freundin Sophie, trat ihr ganz verstört entgegen.

„Dörte, hilf unserem Hannchen!" Weinend umklammerte sie den Arm der Ärztin, der sich beruhigend um sie legte.

„Gestern war Hannchen doch noch fieberfrei, Sophie, als ich abends von euch wegging. Wann änderte sich denn ihr Zustand?", fragte Dorothea sachlich und zwang durch ihre beruhigende Art die erschütterte Mutter zu einer klaren Antwort.

„Tante Dörte erzählt euch nachher eine Geschichte, geht jetzt in den Garten und horcht auf die schöne Orgel drüben." Damit schickte Dorothea Fritz, die kleine Sophie und das Gustchen hinaus, während Magdalene dicht an der Seite der Mutter blieb. Zwischen dem Kind und der Freundin trat die Pfarrerin wieder an das Bett ihrer Jüngsten, die noch keine zwei Jahre alt war.

Keuchend zog das kleine Mädchen die Luft ein und griff nach dem dicht umwickelten Hals, als wolle es sich selbst helfen.

Mit leichter Hand entfernte Dorothea den Umschlag, richtete das Kind auf und versuchte, ihm in den Hals zu sehen.

Einen Augenblick lang hörte das Röcheln auf, begann aber gleich darauf umso qualvoller.

„Hilf doch, Dörte!", stöhnte die unglückliche Mutter, „ach, wenn nur Johannes hier wäre!"

„Er betet doch für euch, Sophie, hier kann nur Gott helfen." Weit öffnete sie das Fenster und trug das nach Luft ringende Hannchen dicht heran.

„Komm, setz dich, Sophie, und nimm das Kind auf den Schoß. Hörst du die Orgel?" Unter Tränen nickte die Pfarrerin. Mächtig klang der Chor der Gemeinde herüber.

„Führe, führe unser Sinnen und Beginnen von der Erden, dass wir Himmelserben werden."

Und dann vernahmen die Frauen die predigende Stimme Johannes Erxlebens.

Dorotha hatte die ganze Zeit über das kleine Händchen gehalten. Dass man so hilflos sein kann, so ganz ohnmächtig! Blitzschnell jagten die Gedanken. Tees fielen ihr ein, Tropfen, Quittenschleim und Jakobskrautabsud! Hatte nicht die Äbtissin oben getrocknete Pappelblüten und Pappelkätzchen, die in heißem Zuckerwasser gekocht in solchen Fällen helfen sollten? Oder ob sie doch Kandis in warmem Öl auflöste? Wenn nur der Vater hier wäre! Aber sie wusste ja leider nur zu genau, dass bei einer Bräune in diesem Stadium keine Hilfe möglich sei, und fühlte den vergehenden Puls.

„Nun wird Hannchen ruhiger", meinte Sophie Erxleben und schöpfte neuen Mut, weil das quälende Röcheln nicht mehr zu hören war.

„Unser liebes Hannchen hat seine Ruhe gefunden, Sophie." Liebevoll streichelte Dorothea das Gesicht der Freundin, in dem langsam das Begreifen des Schrecklichen aufdämmerte, und nahm ihr sanft den leblosen Körper aus dem Arm.

„Lena, hol ein paar Blümchen aus dem Garten."

„Hannchen ist nun ein Engel, nicht, Tante Dörte?"

Diese nickte unter Tränen und schob das mit großen Augen dastehende Mädchen aus der Tür.

Beruhigt und fast etwas stolz ging die kleine Magdalena in den Garten. Da sie nicht wusste, von welchem Beet sie pflücken durfte, und weil sie die traurige Mutter auf keinen Fall noch mehr betrüben wollte, lief sie auf den Rasen und band viele Gänseblümchen zu einem Kranz. Als sie gerade fertig war und ihr kleines Machwerk aufprobierte, kam der Vater sehr ernst eilig im Talar durch die Pforte, die vom Kirchhof in den Pfarrgarten führte.

„Wir haben einen Engel im Haus, Vater, das Kränzchen soll Hannchen mit in den Himmel nehmen. Sieh nur, wie schön!"

Als suche er Trost und Halt, so fasste der Pfarrer plötzlich nach der warmen Kinderhand, die ihn ins Haus zog.

Noch immer hielt Dorothea die Freundin innig umschlungen.

„Denk an das Leben, das du unter dem Herzen trägst und mit dem dich Gott so bald schon trösten will, Sophie. Weine nicht zu viel! Noch einen Monat, und ihr habt wieder ein Hannchen oder einen Hans in der Wiege."

Als der Diakon schweigend eintrat, führte Dorothea die nun

wieder laut schluchzende Frau in seine Arme, drückte ihm wortlos die Hand und ging still hinaus.

Vom Flurfenster aus sah sie den Kirchgängern nach, die mit fröhlichem Grüßen auseinandergingen. Auch ihre Eltern wandten sich dem Steinweg zu. Aber Dorothea empfand das Bedürfnis, allein zu sein, und ging durch den blühenden Garten hinüber zum Friedhof.

Am Grab ihres Großvaters Meineke ließ sie sich auf der Bank unter der Trauerweide nieder. Sie barg ihr Gesicht in den Händen und grübelte.

Es war nicht der Schmerz um das dahingegangene unerfüllte Leben, der sie so erschütterte, mehr das Gefühl der eigenen Unzulänglichkeit, die Erkenntnis von der Begrenztheit menschlichen Wissens und Könnens.

Da lernt man nun und lernt und müht sich, dem Leben zum Sieg zu verhelfen, ist stolz auf jeden Erfolg, ach, so stolz und dann ...

Sie hob den Kopf und sah auf die Hügel ringsum, und darüber hinweg glitt ihr Blick zu den Türmen von St. Nikolai, die in der Sonne glänzten.

Vater hat Recht, dachte sie, man kann kein guter Arzt sein ohne Glauben. Nur dann vermag man die Bitterkeiten des Lebens, die eigene Hilflosigkeit zu ertragen, wenn man sich immer neue Kräfte von oben holt.

Frau Leporin machte große Augen, als Dorothea mit den vier Pfarrerskindern am sonntäglichen Mittagstisch erschien. Und während ihr beim Bericht der Tochter die Tränen über die vom Küchendunst geröteten Wangen liefen, machte sie auf dem Tisch Platz für Teller und Löffel, damit die unerwarteten Gäste schnell etwas zu essen bekämen.

Das Gustchen behielt Dorothea selbst auf dem Schoß, Fritz und Magdalene setzten sich zu beiden Seiten des Doktors, während die kleine Sophie ihren Stuhl neben Frau Leporin schob und fragend zu ihr aufsah. „Tante Dörte hat uns gesagt, dass du auch mal als kleines Mädchen in unserem Pfarrhaus gewohnt hast. Erzähl doch mal davon, Pate Anna!"

* * *

Seitdem Dorothea wusste, dass ihr Schreiben an den König unterwegs war, saß sie noch mehr als vorher über den Büchern und machte stundenlang Krankenbesuche mit dem Vater, um zu lernen und ihre Erfahrungen anzuwenden. Immer blasser wurde sie dabei, bis der Doktor eines Tages Einhalt gebot. „Jetzt bist du meine Patientin, und ich bestimme als Arzt, dass zwei Wochen lang kein Buch angesehen und kein Kranker besucht wird. Verstanden?"

Dorothea nickte unter Tränen und wagte nicht zu widersprechen. „Am besten, du gehst viel an die frische Luft und legst dich zeitig zu Bett. Zwischendurch hilfst du der Mutter im Haushalt."

Als sei ihr Stichwort gefallen, so stand Frau Leporin plötzlich in der Tür, die sie mit dem Ellenbogen aufgeklinkt hatte, denn die beiden Hände zeigten dicke Spuren von Kuchenteig. „Dörte, schieb doch mal die Bleche in den Ofen. Das Feuer ist richtig. Ich will nur gleich noch Nudeln machen. Nachher geh doch mal zu Erxlebens rüber, Magdalene hat doch heute Geburtstag. Ich habe keine Zeit, muss auch noch einweichen. Sage, ich komme erst gegen Abend ein Stündchen hin." Unaufhörlich ging der Redestrom der Doktorin, den ein Aufschrei aus der Küche jäh beendete, wo auf dem Steinboden ein Topf oder eine Schüssel klirrend in Scherben ging.

Als Dorothea am Nachmittag mit dem Geburtstagskuchen und einem großen Blumenstrauß ins Pfarrhaus trat, hüpfte ihr Lenchen glückstrahlend entgegen.

„Tante Dörte! Tante Dörte! Denk nur, was ich gekriegt habe! Rate mal!"

„Eine Puppe mit echtem Haar zum Kämmen?"

„Nein, Tante Dörte, was Lebendiges!"

„Ein Kätzchen? Oder einen Hund?"

Lachend verneinte das Kind, hing sich an Dorotheas Hals und flüsterte ihr etwas ins Ohr.

„Was?", stammelte diese freudig erschrocken, „du hast ein Schwesterchen bekommen?"

„Ja, denk mal! Und Vater sagt, Hannchen ist nun wieder da. Aber was sagst du dazu, dass Sophie meint, die Kleine und ich sind Zwillinge, weil wir beide am 11. Juni Geburtstag haben?"

Da musste Dorothea herzlich lachen. Und während sie Lenchen den Kuchen mit vielen Glückwünschen, zu denen sie bisher noch gar nicht gekommen war, in die Hand drückte, nahm sie die Blumen und trat ganz leise bei Frau Erxleben ein.

Innig schloss sie die Freundin in die Arme und beglückwünschte auch den Vater, der bei seiner Frau auf dem Bettrand saß. „Ein Prachtkind!", lobte Dorothea und nahm das Bündel aus der Wiege.

Freudig erregt kam Johannes Erxleben heran und legte einen Arm um seine Kusine. Beider Köpfe beugten sich tief über das Steckkissen.

„Jetzt seht ihr wie ein glückliches Elternpaar aus", rief Sophie lachend herüber.

Da traten die beiden auseinander. Ein Schein von Röte stieg in Dorotheas Gesicht. Dann fragte sie sachlich nach dem Verlauf der Entbindung, während der Diakon das Zimmer verließ.

Vor Dorothea häuften sich die engbeschriebenen Blätter, die sie nun zur Seite schob, weil das Zwielicht sie zwang, mit der Arbeit aufzuhören.

Von St. Nikolai schlug es erst vier Uhr, aber die dunklen Schneewolken am Himmel ließen den Tag früher zu Ende gehen als sonst im Februar.

Die junge Frau trat ans Fenster und sah über die weißglitzernden Giebel hinweg in die Ferne, in Gedanken noch ganz bei dem Krankheitsfall, den der Vater ihr zur sorgfältigen Ausarbeitung übergeben hatte.

Sie sah den alten Schuster Germelmann vor sich, der seiner offenen Beine wegen wochenlang ans Bett gefesselt war. Es musste doch etwas gegen dieses Leiden geben ...

Sinnend legte sie den Kopf an die Scheiben und empfand die Kühle angenehm an der heißen Stirn. Ein Mittel müsste es geben, um allzu große Qualen zu lindern.

Doch noch besser, man müsste die Menschen lehren können, sich die Gesundheit zu erhalten. Doch war das überhaupt in Menschenhände gegeben?

Die Grenze, an der man sich wund stieß, da war sie wieder und gebot allem Wissen Halt.

Ganz erschöpft ließ sich Dorothea wieder am Tisch nieder. Ihr Kopf sank vornüber, sie schlief ein.

Ihr träumte, sie stände vor einer Mauer und versuchte vergeblich mit ihren schwachen Händen, den hoffnungslos leidenden alten Mann hinüberzuheben. Schmerzvoll zog sich ihr Herz dabei zusammen.

Doch da war plötzlich ein Türchen in der Mauer, das sie vorher gar nicht gesehen hatte. Johannes Erxleben öffnete es. Beruhigend klang seine Stimme, als er ihr den alten Germelmann abnahm. Und zu ihrem Erstaunen stand der Kranke jenseits der Mauer auf seinen Füßen. Der Ausdruck der Qual war aus seinem Gesicht verschwunden, seitdem der Diakon ihn geleitete. *So einfach, so schlicht ist das,* wunderte sie sich, selbst erleichtert und irgendwie gekräftigt.

Sie schlug die Augen auf.

Wie ein schwarzes Loch gähnte das Fenster.

Und drüben über dem Dachfirst stand ein Stern, tröstend hell fiel sein Licht zu ihr herein, als habe ihn Gottes Hand eigens für sie entzündet.

Doch es blieb keine Zeit, über den Traum nachzudenken. Denn unten im Flur hörte sie lautes Sprechen.

Sie vernahm eine fremde Stimme und des Vaters erregtes Antworten. Dann schlug die Haustür zu.

Dorothea strich sich übers Haar und ging lauschend die enge Stiege hinunter.

In der Küche fand sie die Mutter schluchzend. Sie entzündete gerade mit einem Kienspan die Lampe, und ihre sonst so feste Hand zitterte.

„Der Christian ... der Christian, ein Deserteur? Nun ist alles aus", stöhnte sie nur auf die Frage der Tochter und weinte fassungslos.

Ein eisiger Schrecken fuhr Dorothea durch die Glieder, und sie dachte angstvoll an den Bruder, um den schon seit langem im Haus die Sorge umging, ob er seine medizinischen Studien würde vollenden können.

Als treuer Soldat des Königs hatte Christian Leporin seit dem Frühjahr 1735 im Marwitzschen Regiment in Halberstadt gedient und war dort Unteroffizier geworden.

Jede freie Minute aber widmete er den medizinischen Studien. Die Bücher, die ihm der Vater mitgegeben hatte, lagen stets unter seinem Kopfkissen, und in seiner Schublade häuften sich seine Ausarbeitungen.

Die Kameraden hatten anfangs über den Stubenhocker gelacht, wenn er sonntags nicht mit zum Tanz auf die Dörfer ging. Auch sein Hauptmann Wagenschütz hatte den Kopf über ihn geschüttelt, bis ihm eines Tages durch den Rat und den Beistand des jungen Leporin die durch einen Fehlschuss verletzte linke Hand gerettet wurde. Das war gerade vor Jahresfrist gewesen, und im März 1740 bekam der Unteroffizier Leporin die Erlaubnis, studienhalber nach Halle zu gehen. Seine Freude war unbeschreiblich gewesen, und der Vater und Dorothea hatten sie aus tiefstem Herzen geteilt.

Das alles ging Dorothea blitzschnell durch den Kopf, als sie die Mutter so fassungslos schluchzend sah. Und das Wort Deserteur brannte sich in ihr Hirn.

Es war nicht mehr aus Frau Leporin herauszubekommen, als dass eine reitende Ordonanz mit dreistem Auftreten ein Schreiben an den Vater gebracht habe.

Dorothea schlich sich aus der Küche und horchte an der Tür, hinter der sie den rastlosen Schritt des Vaters hörte. Leise drückte sie die Klinke nieder und trat ein.

Wortlos reichte ihr der Doktor den Brief und ließ sich auf einen Stuhl fallen.

Sie las das Schriftstück und strich dabei zärtlich über den gesenkten Kopf des Vaters.

Der scharfe, drohende Ton der Benachrichtigung erschreckte Dorothea mehr, als sie zeigen mochte; sie konnte es nicht verhindern, dass das schicksalsschwere Blatt in ihrer Rechten zitterte.

„Man hat den Christian gegen alle vom König zugesicherten Rechte zum Regiment zurückholen wollen. Da ist er aus Halle geflohen."

Es war, als wollte sich der Doktor den Tatbestand noch einmal ganz klar machen.

„Und den Jüngsten von knapp vierzehn Jahren wollen sie mir auch nehmen und als Packknecht ins Heer stecken, wenn ich den älteren Bruder nicht herbeischaffe. Man wird mich ... uns alle um Freiheit und Eigentum bringen!", stöhnte der unglückliche Mann.

„Kind, Kind, so muss ich fort und den Christian suchen. Auch der Johannes muss weg; so schnell wie möglich soll er sich verbergen. Zweimal habe ich schon um Christians willen an den König appelliert!

Was soll ich denn noch tun? Ich weiß mir keinen Rat mehr, Dorothea!"

Dr. Leporin war aufgesprungen, er stieß den Stuhl beiseite und lief zwischen Kachelofen und Fenster hin und her, während Dorothea hilflos weinend am Stehpult des Vaters lehnte.

„Noch heute Nacht gehe ich fort, Dörte."

Mit diesen Worten hielt er vor der Tochter an und griff nach ihrer Hand, als brauche er eine Stütze.

„Aber Mutter darf nichts merken, hörst du?"

Dorothea nickte unter Tränen. Dann wurde das Bargeld gezählt.

Auch die Ersparnisse, die er für die Ausbildung der Kinder zurückgelegt hatte, drängte die Tochter dem Widerstrebenden auf.

„Wir werden schon durchkommen, Vater. Die ausstehenden Gelder reichen noch eine Weile, ich muss eben nur ein bisschen dringlicher mahnen. Das Schlimmste ist aber, dass wir auf lange Zeit ohne Nachricht voneinander sein werden."

„Ja, und was soll aus Johannes werden?"

Wieder nahm der erregte Mann seine Wanderung durch das Zimmer auf. Dann hielt er plötzlich inne und winkte Dorothea heran. „Ich schicke ihn mit einem Brief zu seinem Paten Seidel ins Magdeburgische. Der mag ihn eine Weile auf seinem Hof behalten, bis die Luft hier wieder rein ist.

Ich gehe jetzt in die Stadt und höre mich ein bisschen um, will auch mit dem Hentschel reden, dass er den Bub für eine Zeit aus der Lehre lässt."

Beim Abendbrot war der Vater fast wie sonst, er schien sogar mehr, als es seine Art war, auf die Geschichten aus der Nachbarschaft einzugehen, die Frau Leporin in der Dämmerstunde erfahren hatte.

Sie war so von ihren Berichten erfüllt, dass es sie gar nicht aufregte, als ihr Mann erzählte, Kaufmann Hentschel habe den Johannes mit einer Fuhre für einige Zeit ins Magdeburgische geschickt.

Es war nichts Ungewöhnliches, dass der Doktor nachts fortgeholt wurde, um einem Kranken beizustehen. Meist drehte sich seine Frau dann einfach auf die andere Seite und schlief weiter.

Aber diesmal, als Polykarp Leporin sich leise vom Lager stehlen wollte, richtete sie sich zum Schrecken ihres Mannes im Bett auf.

„Es hat ja gar nicht geschellt, du hast wohl geträumt, Mann. Leg dich nur wieder hin."

„Ich muss fort, Anna, versteh mich doch. Leb wohl!"

Er drückte sie sanft in die Kissen zurück und küsste sie fest auf Stirn und Wangen.

Anna Leporin war ganz eigen zumute. Wie lange war er nicht mehr so zärtlich zu ihr gewesen!

Er ist doch ein guter Mann, dachte sie im Einschlafen, als unten die Haustür leise knarrte. *Morgen früh soll er auch mal wieder ein Eierbier haben.*

Mit bloßen Füßen, übernächtigt und zitternd vor Kälte, starrte Dorothea mit tränenlosem Blick von ihrem Stubenfenster aus dem flüchtenden Vater nach.

Dorothea hatte alle Mühe, die Mutter über das lange Ausbleiben des Vaters zu beruhigen. Sie stellte seine Reise, die er um Christians willen unternommen habe, so harmlos wie möglich hin und lernte dabei, die eigene Angst zu verbergen.

Wenigstens brachte sie Frau Leporin dazu, dass sie ihr Stillschweigen über die Ereignisse in der Familie versprach. Und das war keine Kleinigkeit.

Die Abwesenheit des vielgesuchten Arztes ließ sich natürlich nicht geheim halten. Und es war ein Glück, dass Dorothea ihn so gut vertreten konnte. Nur leider hatte sie weniger Erfolg damit, die ausstehenden Gelder von den Patienten zu bekommen.

„Dem Herrn Doktor wird es schon nicht so eilig sein", bekam sie oft zur Antwort, wenn sie mahnte, und konnte doch nicht sagen, dass die Mutter zum ersten Mal in ihrem Leben das Brot hatte aufschreiben lassen, und dass sie seit acht Tagen nur Kartoffeln mit Leinöl aßen.

An wen sollte sie sich wenden, wenn die Not noch größer würde? Ja, wenn der Magister Eckhard noch gewesen wäre, er hätte sie nicht im Stich gelassen. Doch ihn deckte schon seit Jahren der Rasen, und seine Witwe war aus der Stadt gezogen.

Der Diakon Erxleben fiel ihr ein. Sie hatte keine treueren Freunde als ihn und die zarte Sophie, die sich von ihrem sechsten Wochenbett gar nicht recht erholen konnte. Aber die beiden hatten genug eigene Last zu tragen, und im Pfarrhaus gab es keinen Groschen, der nicht dreimal umgedreht wurde, ehe er zum Bäcker oder zum Fleischer seinen Weg nahm. Schon lange musste der Lohn für die Magd bei Leporins eingespart werden, und vielleicht war es gut, dass Dorothea so viel Arbeit im Haus fand, die ihr nicht viel Zeit zu müßiger Trauer ließ.

Frau Leporin trug eben die Wäsche auf den Boden, und Dorothea hatte sich Seifenlauge geholt, um die Steinfliesen des Flurs zu scheuern, als heftig die Klingel gezogen wurde.

Hastig wischte sich das junge Mädchen die nassen Hände an der Schürze ab und öffnete die Haustür.

Draußen stand der Küsterjunge aus der „Goldenen Sonne", atemlos vom schnellen Laufen, um die Doktorin, wie er mit einem ungeschickten Bückling sagte, ganz flink in den Gasthof zu holen. Eine fremde Herrschaft sei bei ihnen abgestiegen, und die gnädige Frau, eine Gräfin, habe sich gleich mit Fieber gelegt und sei stockheiser. Die Doktorin möge sofort kommen. Er solle sie gleich mitbringen.

Dorothea hieß den Jungen sich so lange auf die Bank im Flur hinsetzen und eilte nach oben, um sich umzuziehen.

Zwischendurch fand sie noch einen Augenblick Zeit, in den „Forschungen über Fiebererscheinungen" von Professor Welhof aus Helmstedt nachzulesen, einem Buch, das sie fast auswendig kannte, und dem sie manchen guten Hinweis verdankte.

Salbeitee und ein Fläschchen Absud aus Kornrose in Alkohol und Clematis nahm sie vorsorglich mit und folgte dann dem Jungen den Steinweg hinunter in die „Goldene Sonne".

Unten stand schon der Mann der Erkrankten, ein sehr eleganter Herr, und überfiel sie gleich sehr aufgeregt mit einem Redeschwall, dass er morgen bestimmt an den Hof zu Braunschweig müsse, und dass er todunglücklich sei, keinen Arzt hier in der Nähe auftreiben zu können. Das gnädige Fräulein möge entschuldigen.

Dorothea folgte ihm durch den kalten, dunklen Flur nach oben. Im größten Zimmer nach dem Neustädter Rathaus zu hatte man die vornehmen Fremden einquartiert.

Ein Mädchen kniete vor dem Ofen und schob Holzscheite

in die Glut. Die junge Ärztin wehrte ihr, das Zimmer sei bereits viel zu heiß, und bat um frisches Wasser.

Bis an die Nasenspitze zugedeckt, im Seidenhäubchen mit rosa Schleife, lag eine anscheinend sehr stattliche Dame im Bett, die erschrocken auf die Eintretende sah und über deren energische Maßnahmen staunte.

Sie fürchtete ein Missverständnis und schüttelte erregt den Kopf. „Um Himmels willen, ich brauche doch keine Hebamme, außerdem ist die Jungfer viel zu jung."

Lachend beruhigte Dorothea sie und stellte sich vor.

Immer noch ein wenig misstrauisch, ließ sich die Dame den Puls fühlen und erklärte ihre Beschwerden.

Die Leporinstochter hielt die junge üppige Frau nicht für fieberkrank, sie erschien ihr nur sehr aufgeregt, auch die Heiserkeit kam ihr nicht schlimm vor. Auf einen kurzen Zuruf der Gattin verließ der Gemahl das Zimmer; sie lauschte hinter ihm drein, und als sie ihn nach unten stapfen hörte, wandte sie sich lachend an die Ärztin.

„Strafe muss sein", sagte sie mit ganz klarer Stimme.

„Ich hatte keine Lust, noch die zweite Nacht im Reisewagen zu bleiben, nur weil mein ehrgeiziger Herr Gemahl den braunschweigischen Minister nicht eine Stunde warten lassen möchte. Als meine Bitten nichts halfen, habe ich es halt so probiert, und ...", wohlig räkelte sich die energische Frau im Bett herum, „es ist geglückt!"

„Ja, aber ...", stammelte Dorothea und musste dann selbst lachen über so viel Unbekümmertheit.

„Was wird der Herr Gemahl sagen?"

„Sagen? Nun, nicht viel! Lassen Sie mir Ihre Tropfen hier für einen anderen Fall und sagen Sie, dass ich morgen früh das Bett verlassen darf. Und dass ...", die junge Frau setzte sich auf, „meine Zofe mir ein Glas Burgunder und sonst noch allerlei zu Essen bringen möchte, da das Fieber sehr an mir gezehrt habe. Nicht wahr, Sie tun's?"

Schelmisch lachend zog sie Dorothea auf die Bettkante. „Sie kleine Mitverschworene!"

Die junge Ärztin wusste nicht recht, wie sie sich verhalten sollte, und wehrte ein bisschen linkisch ab.

„Nicht verraten, bitte, bitte", bettelte die Gräfin.

Da klopfte es an der Tür.

Blitzschnell erhob sich Dorothea, und der besorgte Ehemann trat ein.

„Darf meine Frau morgen mit mir weiterreisen?"

Mit bestem Gewissen konnte Dorothea Leporin die Erlaubnis erteilen. Weiter schien ihn nichts zu beunruhigen.

Strahlend vergnügt zog er die gestickte Seidenbörse und ließ das Geld durch seine Finger laufen.

Dorothea bekam einen roten Kopf und sah fragenden Blicks zum Fenster hinüber, von woher ihr zwei schalkhafte Augen ermunternd zublinzelten.

Mit einer tiefen Verbeugung Dankesworte stammelnd, ließ der Kavalier ein Goldstück in die schmale Mädchenhand gleiten.

„Vergiss nicht, die Tropfen zu bezahlen, Andre, sie wirken wundervoll", kam eine heiser klingende Stimme aus den dicken Federkissen. Und ehe Dorothea die Tür erreicht hatte, steckte ihr der Fremde noch einen Taler zu.

Die Pflastersteine glänzten feucht vom Aprilregen, aber ein heller Sonnenschein lag schon wieder auf dem kleinen Marktplatz, als die Leporinstochter aus dem hohen Torweg des Gasthofs trat.

Mutter würde Augen machen, wenn heute eine dicke Brühwurst in der Kartoffelsuppe schwamm. Und der Bäcker sollte gleich die Rechnung streichen und ... und ...

Während sie das Goldstück sorgfältig zuunterst in ihrem Beutel verwahrte, lag zum ersten Mal wieder seit Wochen ein Lächeln auf ihrem schmal gewordenen Gesicht.

Die täglichen Sorgen um Essen und Trinken, um jede kleinste Ausgabe, so drückend sie auch waren, bedeuteten doch wenig gegenüber den seelischen Ängsten, die Dorothea weder im Wachen noch im Traum losließen.

Öfter schon wurde in der Stadt gemunkelt, die Garnison zöge ab, und jedes Mal atmete dann alles im Doktorhaus auf, denn damit würde dem Vater der Weg nach Hause wieder offen stehen.

Mit der Mutter konnte Dorothea wenig über den Abwesenden sprechen. Sie brachte zu geringes Verständnis für seine Handlungsweise auf und erging sich in langen Anklagen, die die Tochter nicht ertragen konnte und darum vermied. Frau Leporin war die Hauptsache, dass der Jüngste wieder unangefochten bei Kaufmann Hentschel im Laden stand und sie sonntags mit ein bisschen Kaffee und Zucker erfreute.

Umso mehr litt Dorothea allein. Jede freie Minute saß sie oben in ihrer Kammer, oft untätig, ganz gegen ihre Gewohnheit. Sie ließ den Blick über die Stadt schweifen, hinweg über Dom und Schloss bis zu den blauen Harzbergen.

Und immer war ein Horchen in ihr.

Selbst die geliebten Bücher lockten sie nicht mehr wie sonst. Im „Boerhaave" lag noch das Lesezeichen an derselben Stelle, wo sie bei der Abreise des Vaters stehen geblieben war. Und die Frage, die er ihr hätte lösen können, blieb unbeantwortet.

Eines Nachmittags – Dorothea schmerzte der Rücken vom vielen Scheuern – stand sie am geöffneten Fenster und rückte ihre etwas winterblassen „Fleißigen Lieschen" in die warme Aprilsonne.

Da ließ ein schnelles Hufgetrappel sie aufblicken. Den Steinweg herauf kam eine Karosse, die ein Schwarm lärmender Gassenjungen begleitete.

Dorothea erkannte den Wagen der Äbtissin, und da sprang auch schon ein Lakai vom Bock und eilte auf das Leporinsche Haus zu.

Sofort war Dorothea unten und nahm die Einladung ins Schloss entgegen, die der Diener ausrichtete.

Zuerst hatte sie gar nicht recht verstanden, dass die Kutsche sie gleich abholen sollte. Dann aber eilte sie nach oben und kleidete sich um.

Frau Anna legte hilfreich Hand an und kämmte das hellbraune Haar der Tochter, dessen Gelock mit einer schwarzen Samtschleife zusammengehalten wurde. Dorothea wählte ein kornblumenblaues Kleid und band ein heute morgen frisch gebügeltes Spitzentuch um.

Die Mutter, die prüfend um sie herumging, schien zufrieden und reichte ihr noch besorgt einen wollenen Langschal, ehe die Tochter die Kammer verließ.

Unten auf der Straße stand eine ganze Ansammlung von Nachbarn, meist Frauen, die von den feinen Seidenpolstern des Wagens, von den Vorhängen mit den Quasten sehr schnell bei der Besitzerin all der Herrlichkeiten waren. Und bald prallten die Meinungen über Maria Elisabeth heftig aufeinander.

Frau Anna Leporin, die hinter der Gardine stehend den Auflauf im Auge behielt, fürchtete schon Tätlichkeiten, als Dorothea schnell aus dem Haus trat und durch ihre liebliche Erscheinung die allzu eifrigen Zungen zum Schweigen brachte. Sie grüßte freundlich nach rechts und links und stieg ein. Dann klappte der Schlag mit dem holsteinischen Wappen, der

Lakai schwang sich neben den Kutscher auf den Bock, und bald entschwand die Abteikutsche den Blicken des Steinwegs.

Erst jetzt, als Dorothea zurückgelehnt in den Polstern saß, überlegte sie, warum die Äbtissin sie wohl ohne lange Einladung – wie sonst üblich – hatte abholen lassen.

Ob sie vielleicht Nachricht vom Vater hatte? Wenn er droben im Schloss Zuflucht gefunden hätte!

Doch gleich verwarf sie den Gedanken wieder.

Es war ja auch möglich, dass die Frau Äbtissin sich nicht wohl fühlte, oder dass die Chorfrau, die erst kürzlich von ihr zur Ader gelassen worden war, ihre Hilfe brauchte.

Am Finkenherd vorbei holperte der Wagen. Er schleuderte so sehr, dass Dorothea sich festhalten musste, um nicht vom Sitz zu rutschen.

Hinter den Wohnstubenfenstern des Klopstockschen Hauses bewegten sich die Vorhänge, und das junge Mädchen erkannte die Kommissionsrätin, die neugierig guckte, was für Besuch wohl aufs Schloss fuhr.

Die Steile des Berges nahmen die Rappen dann ruhiger, und als die helle Domglocke die vierte Stunde schlug, hielt die Kutsche vor dem Tor an.

Hinter dem Lakaien her durchschritt Dorothea den Wehrgang und stand bald auf der sonnigen Terrasse. Vor ihr ausgebreitet lag das liebe Quedlinburg.

Ihre Augen suchten wie immer zuerst die Türme von St. Nikolai. Gern wäre sie noch länger hier draußen geblieben, aber der Diener erinnerte durch ein leises Hüsteln, dass man die Frau Äbtissin nicht warten lassen dürfte.

In einer Ecke des Roten Saales war der Teetisch gedeckt. Maria Elisabeth saß schon auf dem hochlehnigen Sofa und sah Dorothea entgegen. Die Hofdamen Fräulein von Oppen und Fräulein von Gerdaun geleiteten das junge Mädchen, das auf dem spiegelnden, wunderbar eingelegten Parkett etwas ängstlich ging, an den Tisch.

Der Hofknicks gelang vorzüglich, ebenso der Kuss auf die schmale beringte Rechte der Herzogin, die Dorothea neben sich zog.

Der neue Koch war durch die Prinzessin Wied-Runkel, die seit einiger Zeit im Stift lebte, hierher empfohlen worden, und seinen rheinischen Törtchen sprachen die Damen tüchtig zu. Auch der Oberhofmeister von Wengelyn ließ sich nicht lange zureden.

Dorothea genoss das leckere Vespermahl wie ein Kind. Das feine Gebäck war doch etwas anderes als das schwarze Sirupbrot daheim.

Bei dem leichten Geplauder der Damen vergaß sie für eine Weile die häuslichen Sorgen. Sie gab sich ganz der Unbeschwertheit dieser Kaffeestunde hin, bis die Frage wieder in ihr bohrte: *Was will die Äbtissin von mir? Warum rief sie mich?*

Dass ihre hohe Gönnerin keine schlimme Botschaft für sie haben konnte, schien ihr klar. Ja, sie kam ihr heute gelöster, weniger streng vor als sonst.

Auf einen Wink Maria Elisabeths erhoben sich die Hofdamen und Herr von Wengelyn. Dann stand Dorothea gleichzeitig mit der Äbtissin auf und fühlte, wie sich ein Arm in silbergrauer Seide mit weichem Spitzenfall in den ihren schob.

„Gehen wir ein wenig in die blaue Galerie, mein liebes Kind."

Beide Frauen, die eine groß und hager mit scharfen Linien um den Mund, die überstandene Bitterkeit eingegraben, und die andere jung, zierlich, mit einem kecken spitzen Näschen und Augen, die noch alles vom Leben zu erwarten schienen, traten miteinander in die Fensternische.

Ihre Widersacher hätten Maria Elisabeth nicht wiedererkannt, wenn sie das weiche Lächeln, die in selbstlosem Glück leuchtenden stahlgrauen Augen beobachtet hätten, die dem fragenden Blick der jungen Ärztin begegneten.

Die Sonne verblich nach der Ebene zu. In weichen Silhouetten standen die Türme gegen den klaren Himmel.

„Nun ist es so weit, die Demoiselle Leporin geht nach Halle und wird ihren Doktor machen", begann die Äbtissin ganz unvermittelt und fühlte gleich, wie das junge Mädchen neben ihr zusammenzuckte und dann mit beiden Händen – alle Etikette vergessend – nach ihrer Rechten griff, als suche sie einen Halt.

„Hier ist das Schreiben unseres allergnädigsten Königs, der unter dem 24. April 1741 das Gesuch um Zulassung zur Doktorprüfung genehmigt hat."

Maria Elisabeth ging zu einer Schatulle, der sie das Schriftstück entnahm.

Inzwischen versuchte Dorothea, sich zu fassen. Sie nahm den Brief, außerstande, den Inhalt ruhig durchzulesen.

Sie sah nur den Namenszug ihres Königs, sein Siegel, und hielt das Blatt ehrfürchtig in der Hand. Aber kein Wort war bisher über ihre Lippen gekommen, auch kein Laut der Freude. Fast schien Maria Elisabeth etwas enttäuscht. Dann las sie den Wortlaut des Schreibens vor und ging sofort mit der ihr eigenen Energie daran, die sich neu auftuenden Möglichkeiten zu erörtern.

Noch immer sah Dorothea schweigend zu Boden. Heftig arbeiteten die Gedanken in ihr.

Maria Elisabeth bemerkte es und hielt im Pläneschmieden inne.

Wie blass das Kind ist, dachte sie und legte weich den Arm um das junge Mädchen. „Nein, es geht nicht. Es kann nicht sein", stieß Dorothea ganz gegen ihre Art heftig hervor.

„Es wird niemals sein!"

Die Äbtissin konnte diesen leidenschaftlichen Ausbruch gar nicht fassen. Ihre Stimme klang sehr streng.

„Was soll der Widerspruch? Ein solcher Erlass des Königs ist wie ein Befehl. Ist die Demoiselle Leporin ein launisches Frauenzimmer wie so viele da unten?"

Verächtlich wandte sie sich ab.

Aber so schnell gab eine Herzogin von Holstein einen Plan nicht auf. Dem dummen Mädel sollte man den Kopf zurechtrücken. Die beringten Finger trommelten gegen die Scheiben. Plötzlich hielt sie die Hand ruhig auf dem Fensterknauf. Ein fassungsloses Schluchzen veranlasste sie, sich umzudrehen.

Vergeblich mühte sich Dorothea, ihre Haltung zu bewahren. Bei den scharfen Worten der Äbtissin hatte sie alle Selbstbeherrschung verloren.

Wenn ihre hohe Gönnerin, die sonst so mütterliche Freundin, doch begreifen wollte, dass sie nicht eigensinnig, sondern aus bitterer Notwendigkeit heraus den Traum ihres Lebens nicht verwirklichen konnte!

Es dauerte nicht lange, so erfuhr Maria Elisabeth alles, was Dorothea und die Ihren bedrückte.

Ihr leicht erregtes Blut wallte auf.

„Ist es nicht eine Schande", polterte sie los, „dass ein Befehl des Königs, der einen jungen Mann zum Studium freigibt, einfach missachtet wird?"

Sie mochte Dorotheas Herz nicht noch schwerer machen, aber im Stillen bangte sie um das Schicksal Dr. Leporins, der sein Leben und sein Vermögen aufs Spiel setzte und um die Gnade des Königs rang. „Es steht ja nicht in diesem Schriftstück, dass die Doktorprüfung heute oder morgen gemacht werden muss. Wie schnell vermögen sich die Zeiten zu ändern! Und das Wissen wird nicht geringer, je länger man es vertiefen kann. Jungfer Dorothea, lassen Sie sich nicht bange machen. Ich glaube, ich erlebe es doch noch, dass Sie den Doktorhut gewinnen."

Unter Tränen musste die junge Ärztin nun doch lachen.

„Von den Büchern lasse ich nicht, und helfen und heilen tue ich, wo ich nur kann. Aber augenblicklich wünsche ich nichts weiter, als dass der Vater wieder heimkommt und der Christian in Halle seine Prüfung machen kann."

Der Abend senkte sich schon über Quedlinburg. Nur in einigen Dachluken spiegelte sich der letzte Schein der untergehenden Sonne, als die Stiftskarosse Dorothea wieder heimbrachte. Trotz ihres Kummers fühlte sie sich seltsam erhoben. In den Falten ihres Schultertuchs knisterte das Schreiben des Preußenkönigs.

* * *

Frau Anna Leporin war von ihrem Tagesendschwatz zurückgekehrt, den sie an einem so herrlichen Maiabend wie dem heutigen gern ein bisschen länger ausdehnte, und schloss die Haustür ab. Sie suchte nach Dorothea. Und als sie sie nicht in ihrer Kammer fand, ging sie in das Arbeitszimmer ihres Mannes. Das war der kleinste Raum des Hauses mit einem schmalen Fenster nach dem Steinweg. Auf den Wandregalen standen alte Folianten mit vergilbten schweinsledernen Rücken, und allerlei Knochen und Gipsglieder lagen dort. Ein kleiner Tisch mit Schreibgeräten und Stapeln von beschriebenem und unbeschriebenem Papier war unter das Fensterchen geschoben.

Hier saß Dorothea auf einem kleinen Schemel und war ganz versunken in die Schriften des Vaters, als Frau Leporin leise eintrat. „Gehst du nicht schlafen, Dörte? Wir müssen Lichter sparen." – „Ich habe noch ein bisschen zu tun, Mutter. Gute Nacht!" – „Schlaf wohl, Kind, und wenn du die Rechnungen fertig hast, dann gehe ich morgen früh mal nach den Geldern. Ich glaube, ich kann besser mahnen als du." – „Ja, Mutter, gute Nacht."

Dorotheas Gedanken waren schon ganz woanders, und sie atmete auf, als die Tür ins Schloss fiel.

Noch lange nach Mitternacht saß sie beim Kerzenschein. Mit ihrer zierlichen und doch festen Handschrift füllte sie Blatt um Blatt.

Ihr war, als stehe der Vater neben ihr, fast meinte sie ihn sprechen zu hören, während sie die Reinschrift seiner letzten Arbeit beendete. Sie schlug noch einmal das erste Blatt auf und verschnörkelte ein wenig mit liebevoller Hand die Anfangsbuchstaben des Titels:

„Das Leben der Gelehrten so in Deutschland vom Anfang des 1719. Jahres dieses Zeitliche gesegnet, kurz jedoch, ausführlich und nach der Wahrheit geschrieben."

Morgen wollte sie damit zu Theodor Schwan gehen, der schon mehrere Schriften ihres Vaters gedruckt hatte, von denen „Wohlmeinende Nachricht von etlichen wahren und zuverlässigen chemischen Arzneimitteln" und „Der vernünftige und vorsichtige Hausarzt" viel gelesen worden waren. Vielleicht würde auch diese Arbeit ein Erfolg werden. Vielleicht?

Sie las den Anfang sehr sorgfältig. Es durfte kein Fehler stehen bleiben. Doch bald war sie ganz vom Inhalt gefesselt und las die Lebensbeschreibung ihres Großvaters Meineke.

Weit über hundert Jahre würde er jetzt sein. Geboren am 7. September 1630 und gestorben am 3. Januar 1719. Damals war sie vier Jahre alt gewesen, und sie glaubte sich noch dunkel an den hageren weißhaarigen Prediger zu erinnern, der bis ins 86. Jahr auf der Kanzel gestanden hatte. Auch des Großvaters goldene Hochzeit im September 1707 hatte der Vater erwähnt und dabei der freundlichen Ehegefährtin des alten Pfarrers, Dorothea Maria Heimbürgerin, gedacht, die wie ein gütiger Hausgeist durch Dorotheas eigene Kinderzeit geglitten war.

Ihre etwas ermüdeten Gedanken schweiften von des Vaters Schrift ab. Sie wanderten zu der jetzigen Pfarrersfamilie von St. Nikolai. Wie mochte es sein, wenn Sophie und Johannes Erxleben goldene Hochzeit feierten mit all ihren Kindern und Enkeln? Und sie würde vielleicht als gute Tante mit dabei sein. Und ohne dass sie es wollte, trat mit einemmal klar und deutlich Johannes Erxlebens Bild vor sie hin.

Sie empfand ganz stark das Gefühl, einen solchen Freund in der Nähe zu wissen, dessen Worte sie schon so manches Mal getröstet hatten.

Die niederbrennende Kerze fing an zu flackern. Dorothea reinigte sie mit der Lichtputzschere und wandte sich wieder ihrer Abschrift zu. Die Lebensbeschreibung Großvater Meinekes war zu Ende. Für heute war Dorothea fertig.

Sorgfältig packte sie alles beiseite und öffnete das kleine Kammerfenster.

Eine balsamische kühle Mailuft drang zu ihr herein. Tief atmete Dorothea und spannte die Arme weit. Plötzlich lauschte sie in die Nacht hinaus. Kamen da nicht Schritte, leise tastende, und hielten vor dem Haus an? Es war gerade in der letzten Zeit in Quedlinburg viel von Dieben die Rede gewesen, und sie fühlte so etwas wie Angst aufsteigen.

Langsam schob sie ihren Kopf durch das kleine Fenster und hätte fast aufgeschrien vor Schreck und vor Freude, denn in dem nächtlichen Wanderer erkannte sie den Vater.

Leise, denn die Erregung verschlug ihr die Stimme, aber mit

einer unendlichen Zärtlichkeit im Klang, rief sie ihn an. Dr. Leporin wandte den Kopf nach oben. Er sah eine Hand winken, und bald danach wollte er den Schlüssel umdrehen.

Leise öffnete Dorothea die Tür, und beide Arme um ihn schließend zog sie den Vater ins Haus. Am Öringer Tor blies gerade der Nachtwächter ins Horn.

Dorothea führte den Vater gleich in die Küche, um ihm einen warmen Trank zu bereiten, doch er wehrte ab und sank am Tisch in sich zusammen.

Nach einer Weile, während der Dorothea stumm den gesenkten Kopf des Heimgekehrten streichelte, begann Dr. Leporin stoßweise und mit längeren Pausen von seiner Irrfahrt zu berichten. Die Tochter sah alles lebhaft vor sich und unterbrach mit keiner Frage.

Zu Fuß war der Vater bis Halle gelaufen, hatte dort mit dem Dekan Junker gesprochen, der kein Mittel unversucht gelassen hatte, um den jungen Medizinstudenten vom Militär zur Universität freizubekommen, und fest an einen günstigen Ausgang der Sache glaubte. Er hatte dem Vater Leporin geraten, sich persönlich an den König zu wenden. Und daraufhin war der Flüchtende weitergewandert, ohne sein Ziel zu erreichen. Immer war er vertröstet worden.

„Schließlich verfasste ich ein Huldigungsgedicht für den König und kleidete meine Bitte um weitere Studienerlaubnis für Christian in Worte tiefster Verehrung. Mein Herz lag offen vor dem Landesvater." Seine Gestalt hatte sich mehr und mehr gestrafft, sein Blick ruhte aufmerksam auf der Tochter.

„Du bist schmal geworden, Dörtchen, es wird Zeit, dass der Arzt wieder ins Haus kommt."

Er strich ihr zärtlich über die auf dem Tisch ruhenden Hände. Dann fuhr er in seinem Bericht fort.

„Lange trug ich das Schreiben an Friedrich mit mir herum.

In einem Gasthof machte ich die Bekanntschaft eines ehrbaren Mannes, der in Geschäften am Berliner Hof zu tun hatte. Ihm öffnete ich mich. Und er nahm den Brief mit. Meine Füße hätten mich nicht mehr nach Berlin getragen, und meine Barschaft war bald zu Ende. Langsam ging es nun zurück. In Halle wartete ich auf Nachricht, ob mein Brief in die Hände des Königs gelangt sei. Nach zehn Tagen kam ein Schreiben meines teuren Helfers, das mich mit neuem Mut erfüllte. Ich sei nicht der Einzige, der solche Klage führe, viele Schriftstücke wie meines lägen dem König vor. Es werde genau geprüft, ob wirkliche Eignung zum Studium oder nur Drückebergerei vor dem Heeresdienst vorliege. Im Fall unseres Christians könne kein Zweifel bestehen, tröstete mich der gute Mann. Und seine feste Zuversicht stärkte meinen Glauben an die Gerechtigkeit des Königs. Meine Taschen sind leer und meine Glieder sind wie zerschlagen, aber trotz allem lebt in mir die Zuversicht, dass der Junge weiterstudieren darf.

Wenn ihm nur inzwischen nichts zugestoßen ist! Mit einem flüchtigen Soldaten macht man nicht viel Federlesens."

Mit einmal ließ die Spannung im Gesicht des Erzählers nach, erneut breitete sich Trostlosigkeit darüber, und der Oberkörper sank auf die Tischplatte. In dieser unbequemen Lage schlief der Erschöpfte sofort ein.

Aufrecht saß Dorothea neben ihm, in ihre Augen kam kein Schlaf.

So fand Frau Leporin die beiden, als sie in der Frühe das Herdfeuer zurechtmachen wollte. Ihr Aufschrei. „Christian, wie konntest du mir das antun!" verstummte jäh, als sie die müden Augen ihres Mannes, den von Leid zusammengepressten Mund in dem eingefallenen Gesicht sah.

„Dass du wieder da bist, Christian!" Mehr sagte sie nicht, lehnte sich nur schluchzend an ihn. Dann aber hantierte sie eifrig in der Küche, nahm von dem Sonntagskaffee und deckte den Tisch. Inzwischen erklärte Dorothea der Mutter, dass der Vater mit günstigen Nachrichten heimgekehrt sei.

„So wird doch noch alles gut, komm, Christian, iss und trink", damit strich sie ihm das Brot dick mit Butter. Der Heimgekehrte biss beinahe gierig hinein und merkte nicht, dass die beiden Frauen trockene Schnitten in den Kaffee brockten.

* * *

Der Altweibersommer des Jahres 1741 ließ sich köstlich an. Tagelang spannte sich ein tiefblauer Himmel über Quedlinburgs Türmen und Giebeldächern. Gelb mit roten Bäckchen leuchteten die Gravensteiner im Pfarrgarten, und eifrig sammelten Magdalene und Lorchen die letzten reifen Birnen aus dem Gras. Unter dem Nussbaum schlief Klein-Hannchen im Korbwägelchen. Aus seiner Studierstube sah Pfarrer Erxleben öfter von der Reinschrift seiner Sonntagspredigt hoch und genoss das friedliche Bild.

Leicht flossen ihm die Worte in die Feder. Sein Herz erfüllte grenzenlose Dankbarkeit.

Ach, wenn es ihm doch gelänge, sein eigenes Empfinden in die Seele der Zuhörer zu übertragen!

Er las die letzten Zeilen noch einmal halblaut vor sich hin. Sie schienen ihm nicht stark genug, aber er wusste im Augenblick nicht, wie er dem übervollen Herzen anders Ausdruck verleihen könnte. Er verschloss darum für heute seine Arbeit und ging hinaus in den Garten.

Als er am Sonntag seine Predigt über die gesegneten Erntetage hielt und vom sanften Säuseln Gottes in der Milde eines

Spätsommertags sprach, schlug heftiger Sturm gegen die Kirchenfenster und ein Platzregen klatschte auf das Dach.

Darum eilte am Schluss des Gottesdienstes nicht jeder wie gewöhnlich schnell nach Hause, sondern alles verharrte noch, um das Ende des Unwetters abzuwarten.

Zwar beruhigte sich der Regen nach einiger Zeit, aber am späten Nachmittag ging erneut ein Wolkenbruch über Quedlinburg nieder, und tagelang goss es fast ohne Unterbrechung. Die Bode, die sich sonst ruhig durch die Wiesen schlängelte, trat weit über ihre Ufer und schickte ihre Wasser wie Bäche in die Gassen und in die Keller.

Noch als die Flut abgezogen war, roch es überall modrig in den Häusern, und mancherlei Unrat, der an die Bodeufer geschwemmt worden war, verpestete die Luft weithin.

Dr. Leporin, der inzwischen durch gute Nachricht von Christian beruhigt, sich einigermaßen erholt hatte, fand in diesen Tagen für sich und Dorothea alle Hände voll zu tun. Denn mit der Feuchtigkeit waren allerhand fieberhafte Krankheiten in die Häuser eingezogen.

Wenn Dorothea abends todmüde ins Bett sank, fand sie doch erst spät den Schlummer. Sie grübelte, wie man der Seuche zu Leibe gehen könnte, und probierte am nächsten Tag neue Mittel aus. Auf Rat des Vaters holte sie Schwefelblüte aus der Apotheke und gab sie vermischt mit Wein den Fieberkranken zu trinken. Bei einigen half der Trank, anderen wieder brachte er nicht die leiseste Besserung. In ganz schwierigen Fällen rief sie den Vater zu Hilfe und musste doch oft erleben, dass auch seine Kunst vergeblich war.

Im Pfarrhaus zu St. Nikolai hatte Frau Sophie tapfer den Kampf gegen das Fieber aufgenommen, an dem ihre drei Ältesten erkrankt waren.

Treu befolgte sie Dorotheas Vorschriften, verheimlichte aber dabei, dass sie sich selbst kaum auf den Beinen halten konnte.

„Den wievielten September haben wir eigentlich heute?", fragte sie die junge Ärztin, „man verliert ganz das Maß für die Zeit, wenn man tagelang nur von Bett zu Bett geht und Umschläge macht und Tropfen eingibt. Johannes kriege ich auch kaum zu Gesicht. Er muss so vielen Trost spenden, dass ich gar nicht daran denken darf, seine Kraft auch noch für uns zu fordern."

„Wir schreiben heute den 20., Sophie."

„Dass wir nur den 25. nicht vergessen, Dörte! Wenn ich nicht dazu komme, lass doch deine Mutter ein paar Blumen auf Hannas Grab legen; sie würde nun drei Jahre alt."

„Gewiss macht Mutter das gern, sie geht ja so oft auf den Kirchhof. Du sollst dich aber etwas schonen, Sophie. Du bist sehr schmal geworden in diesen Tagen, und mit den Kindern geht es doch schon wieder aufwärts."

Dorothea fühlte den Puls der Freundin und erschrak, als sie die heiße Hand in der ihren hielt.

„Du gehörst ins Bett, Mädchen, und zwar sofort."

Die Pfarrfrau schüttelte den Kopf.

„Nein, nein", rief sie heftig, „nicht eher, bis meine Kinder gesund sind."

„Du musst dich legen. Ich werde mit Johannes sprechen, und wenn es ihm recht ist, komme ich über Nacht her und sehe auch morgen nach dem Rechten."

Ein starker Schüttelfrost ließ Frau Erxleben ihren Widerstand aufgeben. Dorothea entkleidete sie schnell, und als die junge Frau auch im Bett nicht warm werden konnte, holte sie eine Wärmflasche aus der Küche und rieb dann selbst die eiskalten Hände der Freundin.

Unablässig, mit allen ihr zu Gebote stehenden Mitteln rang Dorothea Leporin um das Leben der Pfarrerin. Nur zwei Tage dauerte der Kampf, der die Ärztin selbst fast zum Versagen brachte.

Am Morgen des 22. September drückte Johannes seiner erst fünfundzwanzig Jahre alten lieben Lebensgefährtin die Augen zu.

Dorothea stand neben ihm, unfähig, ein Wort des Trostes zu sagen.

Schluchzend brach sie am Totenbett der Freundin zusammen und fühlte kaum, wie ein starker Arm sich um sie legte.

„Hilf mir das tragen, Dorothea! Meine Kinder, die armen, mutterlosen! Was sollen sie ohne Sophie anfangen?"

Und nun war es Dorothea, die den verzweifelten Mann zu einem Stuhl führte und ihm tröstend zusprach.

„Johannes, sei stark, ich will versuchen, dir und den Kindern zu helfen. Vater und Mutter, wir alle wollen euch beistehen."

Johannes Erxleben nickte stumm, und weil Dorothea fühlte, dass er allein mit der Toten sein wollte, ging sie leise aus dem Zimmer.

In der Küche bereitete sie das Abendbrot, wie sie es Sophie hatte tun sehen, und brachte den Kleinen heiße Milch ans Bett. Mit fieberfreien Augen sahen ihr die drei Ältesten entgegen, und Dorothea vermochte es nicht, mit ihnen über den Heimgang der Mutter zu sprechen. Sie drückte sie nur ganz fest und innig an ihre Brust.

* * *

Nie war Pfarrer Erxleben ein Winter trostloser erschienen, kein Weihnachtsfest je dunkler als das, das auf den Tod seiner jungen Frau folgte.

Noch im Oktober hatte der Amtsbruder Wichmann aus Aschersleben, ein entfernter Verwandter, ihm seine älteste, altjüngferliche Tochter Jakobe ins Haus geschickt, die mit einem großen Stimm-und Kraftaufwand ihr neues Amt antrat. Sie war in allem das Gegenteil von Sophie Erxleben, eine derbe, stämmige Person mit unschönem, hartem Gesicht. Von Anfang an versuchte sie, alles anders zu machen als die verstorbene Pfarrfrau. Am liebsten hätte sie erst mal das ganze Haus umgekrempelt, doch da wurde Johannes Erxleben sehr deutlich und verbot ihr streng, in seinem Arbeitszimmer aufzuräumen.

Die Kinder, die erst sehr vertrauensvoll zu der neuen Tante gekommen waren, zogen sich verschüchtert zurück, nachdem sie öfter ihre harte Hand zu spüren bekommen hatten.

An einem Sonnabendnachmittag bald nach Weihnachten kam der Diakon soeben von einer Taufe aus St. Nikolai. Er war noch im Talar, und so sahen ihn seine drei Ältesten über den Kirchplatz kommen. Sie zogen einen Schlitten hinter sich her, und als sie den Vater erblickten, stürzten sie jubelnd auf ihn zu.

„Wir fahren dich heim, sitz auf, Vater", rief Magdalene, und Fritz und Sophie zogen den Pastor jauchzend auf den kleinen Schlitten. Mit Juchhei ging's das kurze Stück zum Pfarrhaus. Ehe der Vater die Tür öffnete, griff Fritz noch schnell in den Schnee und gab das Zeichen zur Schlacht. Hin und her flogen die Schneebälle, und Johannes Erxleben war selbst wie ein Junge beim Spiel. Sein sonst so blasses Gesicht bekam Farbe, sein so lange verstummtes Lachen schallte über den Platz. Als ihm die Angriffe zu toll wurden, öffnete er schnell die Haustür, aber – wupp, wupp – flogen die feuchten Bälle über seinen Kopf hinweg auf die Diele, wo sie sich langsam auflösten. Ohne den Schnee von den Füßen und Jacken abzuklopfen, stürmte die Schar lachend hinterher. Doch die Fröhlichkeit verstummte sehr schnell. Jungfer Jakobe kam aufgeregt aus der Küche, und ein Strom von Scheltworten ergoss sich über die ganz betreten dastehenden Kinder. In dem dunklen Flur hatte die Pfarrerstochter aus Aschersleben den Pfarrer zunächst nicht gesehen. „Erst wischt ihr mir hier den Boden sauber, und dann geht's ohne Vesper in die Dachkammer, ihr Dreckfinken!" Sie wollte gerade den Fritz kräftig schütteln, da drang die Stimme des Pfarrers an ihr Ohr.

„In meinem Haus habe ich allein zu bestimmen, Fräulein Wichmann! Harmlos vergnügte Kinder soll man gewähren lassen. Selbstverständlich wischen wir alle den Schnee von den Fliesen, aber in die dunkle Bodenkammer wird nicht gegangen. Setzen Sie lieber jedem ein Glas heiße Milch vor und erzählen Sie uns ein schönes Märchen auf der warmen Ofenbank."

Ganz schnell hatte Magdalene ein Scheuertuch geholt und die Spuren der Schneeballschlacht beseitigt, als Jakobe Wichmann noch immer zornbebend im Flur stand.

„Das nennt sich Kindererziehung", murmelte sie erbost. Dann klapperte sie laut die Treppe hinauf, und man hörte sie ihre Kammertür zuwerfen.

Während der Pfarrer Talar und Beffchen ablegte, schüttelten die Kinder ihre Sachen aus und folgten dann Stine, die die dampfenden Milchbecher in die Stube trug.

Lorchen war auf die Fensterbank geklettert und winkte lebhaft nach draußen, wobei sie an die Scheiben klopfte.

„Tante Dorothea! Tante Dorothea! Komm doch herein! Komm rein!"

Die junge Ärztin, die ganz in Gedanken am Pfarrhaus vorbeigehen wollte, hielt ihren Schritt inne und nickte der Kleinen freundlich zu. Eigentlich wartete ja zu Hause allerhand Arbeit, aber sie hatte schon längst einmal Sophies Kinder besuchen wollen.

Seit Jakobe Wichmann im Pfarrhaus das Regiment führte, ließ sich Dorothea Leporin nicht mehr so oft dort sehen, eher holte sie sich die Kleinen mal ins Doktorhaus und verwöhnte sie mit ihrer Mutter um die Wette.

Als Lorchen nun so niedlich winkte, trat sie schnell ein, und gleich hing ihr die kleine Schar an Hals und Armen. Selbst Hannchen krähte in ihrem Stuhl vor Vergnügen und streckte die Hände nach ihr aus.

„Nun ist für mich wohl kein Finger mehr frei, Dörte", rief Johannes Erxleben lachend und fasste sie um die Schulter, gerade, als Dorothea die kleine Hanna auf den Arm nahm.

„Gib das Tuch her, du musst bei uns bleiben."

Magdalene nahm ihr die Sachen ab und lief sofort in die Küche. Gleich danach kam sie mit einem Becher dampfender Milch zurück. Auch Stine kam freundlich knicksend herein.

„Muss doch dem Fräulein Leporin auch mal guten Tag sagen", damit wischte sie sich die Hand an der Schürze ab und reichte sie strahlend der Ärztin.

„Die große Zehe ist wieder ganz heil, nichts mehr von Frostbeulen zu sehen. Die Läppchen mit Petroleum haben wirklich gut geholfen, und die Salbe tu ich noch jeden Abend drauf, damit's nicht wiederkommt."

Und noch von der Tür aus nickte sie Dorothea freundlich zu.

„Tante Jakobes Milch wird ja kalt", meinte Magdalene, „und sie sollte uns doch was Schönes erzählen."

„Ach was", antwortete Fritz verächtlich, „die kann ja gar keine Märchen, höchstens liest sie uns ein Gebet vor, und das kann Vater ja viel besser."

Dorothea sah lächelnd zu Johannes Erxleben hinüber.

„Soll ich euch was erzählen?"

„Ja, Tante Dörte, ja, erzähl von den Schweinen und von dem vielen Geld!"

„O ja, das möchte ich auch hören", rief Lorchen und holte eine Fußbank heran, um ganz dicht bei ihrer lieben Tante zu sitzen.

Die kleine Hanna behielt Dorothea auf dem Schoß. Das Däumchen im Mund, schmiegte sich das Kind fest in den umschließenden Arm. Auch Fritz und Lena rückten dicht heran.

Eigen warm ums Herz wurde es dem Vater, als er das friedliche Bild in sich aufnahm.

„Es waren einmal zwei Schweinehirten in Quedlinburg. Einer war lang und dünn, der hieß Jürgen, und der andere, der dicke und runde, das war der Klaus. Sie hatten zusammen zwanzig Schweine zu hüten.

Eines Tages trieben sie die Herde von der Bode den Steinweg hinauf. Da standen aber damals nur ein paar kleine Häuschen und es gab gar kein Pflaster. Sie kamen dann auf den heutigen Kirchplatz, der aber früher ein richtiger Sumpf war. Und hier wühlten die Tiere herum.

Klaus und Jürgen hatten sich auf einen großen Stein gesetzt und stopften ihre Pfeifen mit getrockneten Brombeerblättern. Während sie rauchten, ließen es sich die Schweine im Schlamm wohl sein und grunzten vor Behagen."

„Jetzt kommt's, jetzt kommt's!", unterbrach Fritz, aber die anderen wehrten ab und hingen an Dorotheas Lippen.

„Klaus merkte, dass eins seiner Schweine sich immer tiefer in den Morast grub, und wies mit seiner Pfeife nach der Richtung. Auch Jürgen sah nun aufmerksam hin, und da er der Lebhaftere war, sprang er auch gleich auf und rannte zu der Stelle, so schnell, wie es in dem Schlamm ging.

Heftig winkte er Klaus. Der aber hatte keine Lust aufzustehen."

„Das war der Dicke", meinte Lorchen.

„Ja, das war der Dicke; aber schließlich stand er doch auf, kam langsam näher und klopfte seine Pfeife an einer Weide aus. ‚Klaus, kiek doch, wat dat Swin hat, kumm schnell!'

Jürgen kniete schon am Boden und schob das schnüffelnde Tier beiseite. ‚Ne Pann.' – ‚Wat? Ne Pann?', meinte Klaus und ließ sich auch auf die Knie nieder.

Dann versuchten beide, die schwere Pfanne aus der Erde zu heben. Mit viel Ächzen und Krächzen und viel Schwitzen bekamen sie schließlich den Deckel hoch und sahen sprachlos vor Schreck und Freude auf lauter Gold.

‚Zwick mich mal, Klaus, sagte Jürgen, ‚ich weiß nicht, ob ich's wirklich bin, oder ob ich träume.'

‚Wahrheit, alles richtiges, wahrhaftiges Gold, Jürgen', und damit griff der dicke Klaus in die Münzen und hielt eine Hand voll dem anderen dicht unter die Augen. Beide fingen an, sich die Taschen vollzustopfen. Doch bald sahen sie ein, dass sie so nicht viel wegkriegen würden, und eilten zur nahen Windmühle am Steinweg, die heute nicht mehr dasteht. Der Müller Hinz lieh ihnen seinen Esel mit zwei Tragkörben und kam selber mit. Als die Sonne unterging und die Schweine grunzend heimverlangten, beratschlagten die drei, was sie mit dem gehobenen Schatz machen sollten.

‚Ich kaufe mir ein Schloss', meinte Klaus, ‚und esse alle Tage gebratenes Huhn. Niemals trinke ich mehr einen Schluck Dünnbier, nur noch roten Wein.'

‚Dummkopf, du, da wäre das Geld schnell alle', sagte der Müller, ‚ich würde mir noch rings im Land Mühlen bauen und mir die tüchtigsten Gesellen suchen. Das gäbe eine Arbeit!'

Jürgen, der nachdenklich auf seinen Stab gelehnt in die sinkende Sonne geschaut hatte, wandte sich langsam um.

,Wer sagt denn überhaupt, Klaus, dass der Schatz dir oder mir oder dem Müller gehört? Vielleicht hat Gott ihn uns finden lassen, damit wir etwas Gutes tun dürfen.'

,Ist es denn nichts Gutes, wenn wir uns ein bisschen pflegen? Ich denke, wir sind lange genug Schweinehirten gewesen', meinte Klaus mürrisch.

Nachdenklich brummte der Müller: ,Und überdies ist das hier Grund und Boden des Klosters.' – ,Darum meine ich', fuhr Jürgen fort, ,wir sollten das Gold dem Pfarrer bringen, damit statt der kleinen Kapelle eine Kirche gebaut wird, auf die wir alle stolz sind.'

,Wenn etwas für mich dabei übrig bleibt, bin ich auch dafür', damit stopfte Klaus sich eine neue Pfeife und pfiff den Schweinen, die sich um den mit Gold beladenen Esel scharten und mit den drei Männern zum Pfarrer trotteten.

Und wie der sich gefreut hat, das könnt ihr euch ja denken. An derselben Stelle, wo die Hirten den Fund gemacht hatten, wurde nun unsere schöne Nikolaikirche gebaut."

„Und die Knochen von dem Esel und die Kleider von den beiden Hirten, die habe ich schon in unserer Kirche gesehen", erklärte Magdalene stolz.

Hannchen war während des Erzählens auf Dorotheas Schoß eingeschlafen, und die anderen saßen noch eine Weile ganz still, als die alte Legende verklungen war.

Die Lampe in der einen, einen großen Teller mit Gänseschmalz-Broten in der anderen Hand, kam Stine herein, und damit war der Bann gebrochen.

Lebhaft wurde jetzt besprochen, was jeder von ihnen mit so viel Geld gemacht hätte. Und Magdalene sagte, dass sie sich eine Leiter bauen lassen würde, so hoch bis in den Himmel.

„Wozu, mein Kind?", fragte der Vater, „warum willst du so hoch hinaus?" Ganz versonnen sah das Mädchen ihn an.

„Ich würde hinaufsteigen und Mutter wieder holen." Tief und schwer atmete der Diakon bei diesen Worten und sah Dorothea bedeutungsvoll an.

Fritz unterbrach die nun folgende Stille.

„Mutter wird von den Engeln gar nicht mehr weg wollen. Im Himmel ist es doch viel schöner als hier, nicht, Vater? Ich möchte lieber ein Haus ganz dicht an unseres bauen, und da müsste Tante Dorothea drin wohnen und alle Tage bei uns sein." – „Ja, ja", jubelten die Kinder durcheinander, und Hannchen, von dem Geschrei aufgewacht, schlang ganz fest ihre Ärmchen um Dorotheas Hals.

„Die Sache wollen wir uns durch den Kopf gehen lassen, nicht, Dörte?"

Errötend barg die junge Frau ihren Kopf in dem blonden Haar des Kindes.

* * *

An einem schönen Maimorgen, Dorothea kniete gerade zwischen den Erbsenbeeten, um das Unkraut auszuzupfen, kam ein Fischerjunge ganz aufgeregt in den Garten gestürzt.

„Der Dr. Leporin soll sofort runter an die Bode kommen, eine Frau hat ihr Kind ins Wasser geworfen."

Entsetzt sprang Dorothea auf.

„Der Vater ist nicht daheim. Aber ich komme gleich selbst. Zu wem soll ich denn?", rief sie dem Burschen nach, der schon an der Gartentür war.

„Bei Helmstetten, bei Hans Helmstetten im Haus haben sie sie festgebunden."

„Dich brauchen sie jetzt sicher nicht dort, Junge, lauf mal schnell zu Diakon Erxleben und hol ihn."

Am Brunnen spülte Dorothea sich die Erde von den Fingern

und trocknete die Hände an der Schürze, die sie einfach in die Laube warf, und eilte der Bode zu.

Schon von weitem sah sie einen Schwarm Menschen vor Helmstettens Tür, und als man die Ärztin erkannte, lösten sich ein paar Frauen aus der Menge und rannten durcheinanderschwatzend auf sie zu.

Dorothea erkannte Hans Helmstettens Frau unter ihnen, die lange Jahre Magd in der Pfarrei St. Nikolai gewesen war. Sie winkte sie heran, gleichzeitig die andern abwehrend: „Was gibt's, Gusta, und ist noch was zu retten?" Diese schüttelte den Kopf.

„Das Kind ist tot. Der Hans bracht's aus dem Schilf. Mit einem roten Kopftuch hatte sie es erst erwürgt."

Schnell bahnte sie sich mit Gusta Helmstetten einen Weg durch die Menschen und trat ins Haus.

In einer kleinen Kammer, unter deren Decke Dörrfische aufgereiht hingen, lag auf dem Tisch die Leiche eines wenige Tage alten Knaben, und auf einem Schemel in der Ecke kauerte ein kaum zwanzigjähriges Mädchen. Ihre Augen fanden keine Tränen mehr, starr blickte sie auf die Eintretenden.

Die Ärztin befühlte den Leib des Kindes.

„Hier ist nichts mehr zu machen", sagte sie leise und trat dann zu der unglücklichen Mutter.

„Sie schlagen mich tot", flüsterte sie, und plötzlich schrie sie auf.

„Ach, warum bin ich nicht mit dem Wurm ins Wasser gegangen! Dann wäre jetzt alles vorbei."

Sie klammerte sich an Dorotheas Arm.

„Helft mir, Jungfer, helft mir! Er hatte mir versprochen, dass wir heiraten, wenn er von den Soldaten kommt, und er hat mir das rote Seidentuch geschenkt. Agnes, hat er gesagt, so wahr ich Klaus Anders heiße, Agnes, ich hol dich. – Da ist das rote Tuch …"

Sie blickte hinüber, wo das Geschenk ihres Liebhabers, um das Kinderhälschen geknotet, wie ein riesiger Blutfleck in der halbdunklen Kammer leuchtete. Wutverzerrt stießen ihre Lippen Schimpfworte und Kosenamen durcheinander hervor.

„Als ich ins Halberstädtsche kam, wo er mir die Wohnung der Mutter gewiesen hatte, gab es dort im ganzen Dorf keinen Klaus Anders. Und das Regiment war weit.

Die Eltern haben mich mit Schlägen aus dem Haus gejagt. Noch nie hat eine Fricke so viel Schande über die Familie gebracht. In Ditfurt zeigen sie mit Fingern auf mich. Wer will auch eine schwangere Magd in Dienst nehmen? So musste ich seit Wochen bettelnd über die Landstraße ziehen. Und dann kam das Wurm ...

In einem Bootsschuppen war ich ganz allein. Da drunten an der Bode, da hab ich's geboren."

Agnes Fricke hatte bei ihrer Beichte gar nicht gemerkt, dass Diakon Erxleben leise eingetreten war, nachdem er die lärmende Menge weggeschickt hatte.

„Ich habe den Jungen lieb gehabt, gleich vom ersten Augenblick an, aber meine Brüste waren dürr von all der Not vorher, und weil mir keiner eine Suppe reichte. Nachts zog ich mir heimlich Möhren aus dem Feld, und am Tag blieb ich versteckt. Aber der Junge schrie unaufhörlich, und als am zweiten Abend die Fischer ihre Reusen auslegten, kroch ich aus dem Schuppen. Wie das Kind schrie! Ich legte ihm die Hand auf den Mund. Es sog sich an meinen Fingern fest und schmatzte gierig. Dann aber brüllte es schlimmer als zuvor, es hätte mich verraten. Ich nahm das rote Seidentuch. Mit Küssen hatte es mir Klaus um die Zöpfe gelegt. Ich spuckte drauf und knotete es um den Hals des Kleinen ... ganz fest zog ich ...

Ich rannte fort ... ich horchte von weitem ...

Das Schreien war still. Nach Stunden kam ich näher. Das

Körperchen war steif. Ich mochte das rote Seidentuch nicht mehr sehen und warf es mit dem Jungen in die Bode. Zwischen dem Schilf plumpste der Körper ins Wasser. Dann war alles ruhig.

Nun wollte ich hinterher, ich watete in den Fluss. Huh, kalt war das Wasser, rings quakten Frösche. Meine Röcke tauchten ein. Über die Knie stieg mir die dunkle plätschernde Flut. Aber ich konnte mich nicht untergehen lassen. Ich hatte grässliche Angst.

Todmüde schlich ich in den Bootsschuppen zurück und schlief bis in den hellen Morgen. Da kamen Männer laut polternd herein, sie trugen Körbe mit Fischen, und einer hatte mein totes Kind im Arm ... Und nun muss ich sterben ...“

Wimmernd sank Agnes Fricke in sich zusammen. Erschüttert, von Abscheu und Mitleid gleichermaßen gepackt, stand Dorothea daneben. Ärztliche Kunst war hier umsonst, vergebens schien ihr auch jeglicher Zuspruch.

Das unglückliche Mädchen hatte nun auch den Pfarrer bemerkt und warf sich schluchzend vor ihm nieder.

„Möchtest du denn nach all dem Schrecklichen noch weiterleben mit deiner schweren Schuld?“, fragte er sie.

„Nein, nein“, schrie Agnes auf, „tötet mich nur gleich. Ich will nicht mehr.“

Dorothea, die die Tränen nicht mehr zurückhalten konnte, ging leise hinaus.

Nach einiger Zeit folgte ihr Johannes Erxleben.

„Das Mädchen kann nun wieder beten. Sie wird noch Kräfte brauchen bis zum Ende.“

Da kam im gleichen Augenblick schon der Ordnungshüter mit zwei Leuten, um die Gefangene in den Turm zu werfen.

„Hat das Weibsstück gestanden?“, fragte er den Pfarrer.

„Sie hat ihre Schuld zugegeben und sie bereut. Ich hoffe,

dass der Prozess kurz sein wird. Sorgt, dass das Kind beerdigt wird."

Mit verächtlichem Achselzucken meinte der Hüter der Ordnung: „Ihr braucht Euch nicht zu bemühen, Herr Pfarrer, so'n Pack gehört außerhalb der Kirchhofsmauern hin. Mag das Wurm mit dem Rabenaas der Mutter zusammen liegen. Der Teufel hol sie beide."

* * *

Das Verfahren gegen die Kindesmörderin Agnes Fricke aus Ditfurt dauerte nicht lange. Da sie in allen Teilen geständig war, wurde am 21. Mai das Urteil gesprochen. Es lautete auf Enthaupten.

Noch nie hatte Dorothea Leporin ein derartiges Menschenschicksal sich in nächster Nähe erfüllen sehen, und sie litt unsagbar.

Vielen Frauen hatte sie in den Nöten der Entbindung beigestanden, meist in den ärmsten Häusern. Aber immer war trotz aller Sorge ein Schein von Glück auf fast jedes Elendslager gefallen, wenn das Kind da war, dem dann gern ein Plätzchen im verstocktesten Herzen und in der baufälligsten Hütte eingeräumt wurde.

Und wie behütet war Sophie Erxleben in ihren Wochenbetten gewesen, wie beruhigt in der Liebe ihres Mannes, umhegt von der Fürsorge der ganzen Familie!

Dorothea konnte nicht verhindern, dass ihre Gedanken um Agnes Fricke kreisten, die sie seit jenem Morgen an der Bode nicht mehr gesehen hatte.

Am 22. Mai nachmittags um vier Uhr sollte die Enthauptung auf dem Rathausplatz stattfinden, und schon um die Mittagszeit war die ganze Stadt in Aufregung. Keiner wollte versäumen, den Vollzug einer gerechten Strafe mit anzusehen. War es bei vielen nichts als Neugier, so nahmen andererseits manche strengen Eltern ihre heranwachsenden Töchter mit, um das abschreckende Beispiel auf sie wirken zu lassen. Ohnmachten, Schreikrämpfe und Fallsuchtsanfälle waren bei derartigen Ereignissen an der Tagesordnung.

Dr. Leporin mischte sich bei solchen Anlässen gern unter die Menge, um schnell Hilfe leisten zu können, und auch um Studien zu machen. Er duldete es aber nicht, dass seine Tochter ihn begleitete.

Deshalb war er besonders erfreut, als Johannes Erxleben, dem keine Seelsorge bei der Exekution oblag – der Hauptpfarrer von St. Benedikt gewährte der Sünderin geistlichen Zuspruch –, Dorothea in dem strahlenden Sonnenschein zu einem Spaziergang abholte.

Es dauerte ein Weilchen, bis sie fertig war, dann kam sie in einem schlichten hellblauen Kleid mit zartrosa Einsätzen herunter. Ein schwarzes Samtband betonte als Schärpe die schlanke Taille. Ein ebensolches schmückte den gelben Strohhut, der die hohe, klare Stirn beschattete.

Mit unverhohlener Freude sah Johannes Erxleben auf die liebliche Gestalt.

Als sie aufbrachen, kam Frau Anna noch mit ihrem kleinen Sonnenschirm, aber Dorothea wehrte ab und nahm nur das Paketchen mit den Butterwecken, das sie in ihren gestickten Beutel schob.

„Lasst euch in der Försterei ein Glas Milch dazu geben", meinte die fürsorgliche Mutter, „dann könnt ihr bis zum Dunkelwerden draußen bleiben."

Noch lange sah sie den beiden nach, die gleichen Schrittes dem Öringer Tor zustrebten.

Absichtlich hatte Johannes Erxleben den Weg über den Markt vermieden, wo die Henkersknechte bereits das Blutgerüst gerichtet hatten.

Er führte Dorothea außerhalb der Stadtmauer an der Stiftsmühle vorbei über die Bode in den Wald unterhalb der Altenburg. Anfänglich gingen sie beide von alltäglichen Dingen redend dahin. Aber es schien, als wären dahinter ernste, schicksalbeladene Gedanken verborgen.

Erst am jenseitigen Bodeufer, als der Weg sie ziemlich steil auf die Höhe führte, wurden sie freier.

Herrlich lag Quedlinburg zu ihren Füßen. Ganz rechts grüßte der Doppelturm von St. Nikolai, und zur linken Hand glänzten Dom und Schloss in der Sonne.

„Wie friedlich die Stadt aussieht", fing Dorothea an, „und doch vollzieht sich so Schreckliches in ihren Mauern!"

„Auf Schuld folgt Sühne, Dörte, es erfüllt sich ein Gesetz, dabei ist kein Schrecken. Ich glaube, es ist furchtbar, wenn eine junge zärtliche Mutter aus dem Kreis ihrer Kinder, von dem liebevollen Hausvater fort muss. Da gibt's kein Gesetz, das Achtung verlangt, da bleibt nur ein Sich-Fügen in Gottes Willen, der uns unverständlich ist."

Dorothea griff nach Johannes' Hand.

„Du hast Recht. Wir wollen uns den schönen Sonnentag nicht verderben", sagte sie leise und zuckte kaum merklich zusammen, als von drüben her das Armsünderglöckchen läutete. Sanft wendete der Diakon Dorothea von der Stadt ab und wies mit der Hand hinüber, wo die Harzberge blauten.

„Schön muss es dort sein", meinte das Mädchen, „aber es ist unerreichbar weit."

Erxleben lachte. „Gibt es für Menschen, die ernstlich wollen, wirklich etwas Unerreichbares?" Und dabei strahlte er sie an, als sei er bereit, jedes Ziel zu erobern.

Dorothea erwiderte seinen Blick, aber nachdenklich meinte sie: „Ich wollte in Halle meinen Doktor machen und möchte es noch, aber ich sehe keinen Weg dazu. Was nützt dann mein ernstlicher Wille?"

„So will Gott dich gewiss seine Wege führen und hält ein anderes Stück für dich bereit."

Sie ließ es zu, dass er seinen Arm in den ihren schob und schneller mit ihr auf dem Kammweg schritt.

An den jungen Birken hingen die Maikäfer wie Früchte. Übermütig wie ein Junge schüttelte Johannes die schlanken Stämme und lachte, als die aufgeschreckten Tiere ihre Köpfe umschwärmten.

„Das wäre hier etwas für Fritz, nicht, Johannes? Eigentlich hätten wir die Kinder heute mitnehmen sollen. Wie hätten sie sich hier getummelt! Wir wollen bald mal mit ihnen ins Brühewäldchen. Das ist nicht so weit, aber auch sehr schön. Und das Hannchen können wir ja ein bisschen tragen, wenn es nicht so lange laufen kann."

Dankbar sah Johannes in Dorotheas Gesicht und nickte ihr zu.

„Das tun wir bestimmt!" Es klang übertrieben wichtig.

„Aber augenblicklich bin ich sehr, sehr froh, dass wir beide allein hier sind. Denn nicht nur ins Brühewäldchen sollst du mit mir und den Kindern gehen, Dörte, sondern immer bei uns sein! Ich liebe dich, meine Dörte, ich will dich zur Frau haben! Wenn ich es nicht schon längst gewusst hätte, deine letzten Worte haben mich davon überzeugt, dass du die rechte Mutter für meine Kinder und damit die liebste, beste Frau für mich bist."

Heftig zog er Dorothea an sich. Sie wehrte sich nicht, sondern erwiderte glühend vor ungeahnter Seligkeit seine leidenschaftlichen Küsse.

Es dunkelte bereits, als die beiden durch das Öringer Tor kommend wieder in den Steinweg einbogen.

Arm in Arm schritten sie auf das Doktorhaus zu.

Frau Anna, die bereits am Fenster nach ihnen ausschaute, rief ganz erregt ins Zimmer: „Ich glaube, sie sind einig geworden, wir dürfen unseren Segen geben! Komm, Vater, wir wollen sie begrüßen!"

* * *

Wenige Tage nach diesem bedeutungsvollen 22. Mai des Jahres 1742 kam Dorothea als Braut mit ihren Eltern ins Pfarrhaus von St. Nikolai.

Johannes Erxleben hatte der Jungfer Jakobe kurz Mitteilung von der Veränderung, die seinem Haus bevorstand, gemacht und einen frostigen Glückwunsch entgegengenommen.

Anders war es ihm bei den Kindern ergangen. Er hatte sie sonntags nach der Kirche zu sich gerufen und ihnen erklärt, dass Tante Dorothea bald ihre liebe Mutter sein würde. Magdalene und Fritz waren an dem Vater hochgesprungen vor Glück; Sophie und Lorchen hatten erst stumm vor Freude dabeigestanden und jubelten dann. Klein-Hannchen, die gar nicht wusste, warum die Großen so aus dem Häuschen waren, riefen ihm immer wieder zu: „Tante Dörte wird unsere Mutter! Tante Dörte wird immer bei uns sein!"

Mit ganz eigenartigen Gefühlen betrat Dorothea Leporin zum ersten Mal als Braut das ihr vertraute liebe Pfarrhaus. Jungfer Jakobe hatte mit viel Brummen und Geschirrklappern den Kaffeetisch mit den feinsten Tassen gedeckt und unwirsch die von den Kindern gepflückten Blumen in Vasen gestellt. Die Sonntagskleider mitten in der Woche hielt sie für höchst überflüssig und gab sie nur ungern aus dem Schrank. Absichtlich blieb sie während der Begrüßung in der Küche und saß nachher bei Kaffee und Kuchen, den Frau Leporin besonders lobte, mit unfroher Miene dabei.

Alles atmete auf, als sie, sich mit dringlicher Arbeit entschuldigend, fortging, nicht ohne Dorothea einen unfreundlichen Blick zuzuwerfen.

Die Kinder kannten ihren Vater kaum wieder, so lustig war er. Auch über Vater Leporins noch immer allzu schmales, leidendes Gesicht huschte es bisweilen wie Sonnenschein, wenn er seine Dorothea mit den Kleinen scherzen sah.

Frau Anna schloss inzwischen den Geschirrschrank auf und überprüfte sehr sachlich und sichtlich befriedigt seinen Inhalt. Dann sprach sie draußen mit Jungfer Jakobe unter vier Augen und lobte ihre ordentliche Wirtschaftsführung, nachdem sie mit ihr den Leinenvorrat durchgezählt und tadellos instand gefunden hatte.

„Das Fräulein Tochter setzt sich hier ins fertige Nest, und der Herr Doktor kann an der Aussteuer sparen", meinte Jakobe in verächtlichem Ton, den Frau Leporin geflissentlich überhörte. Nur das Lob von vorhin hätte sie gern zurückgenommen.

Als Johannes seine Braut und die Schwiegereltern über den Steinweg zurückbegleitete, wurde der Hochzeitstag auf den 14. August festgesetzt.

* * *

Als am 11. Juni des gleichen Jahres das Stift den Frieden zu Breslau feierte und die ganze Stadt sich einig hinter den Preußenkönig stellte, prangte Quedlinburg im Festschmuck von Girlanden und Blumen. Der Hauptpfarrer von St. Benedikt hielt auf dem Markt eine Feierstunde, zu der von allen Türmen die Glocken läuteten.

Auch Dorothea hatte mit ihrem Verlobten den Dankgottesdienst am Nachmittag besucht, und beide beschlossen hinterher, der Frau Äbtissin einen Besuch abzustatten.

Maria Elisabeth saß im Roten Saal mit dem Hofmeister von Thun über einer Partie Schach, als der Bediente das Brautpaar meldete. Die Dechantin von Wied-Runkel und die Hofmeisterin von Thun sahen beide von ihrem Kartenspiel auf, offensichtlich erstaunt, weil die Herzogin von Holstein den Eintretenden einige Schritte entgegenging und Dorothea, die sich tief verneigte, mit einem Kuss auf die Stirn begrüßte. Lange behielt Maria Elisabeth die Hand des Diakons in ihrer Rechten und sah ihm sehr ernst in die Augen. „Wisst Ihr auch, Hochwürden, dass Ihr im Begriff seid, einen Raub zu begehen? Einen Raub an der Wissenschaft?"

Das klang fast drohend.

„Ich bin mir keiner schlechten Tat bewusst, Hoheit", kam es etwas verlegen von den Lippen des Pfarrers.

Nun änderte die Äbtissin den Ton und klopfte dem Bräutigam begütigend auf die Schulter.

„Ich wünsche Euch Glück zu so einer lieben und klugen Frau. Ihr könnt weit und breit keine bessere finden.

Und was sie an Arzneikunde mitbringt, ist ja in Eurem Haus nicht verloren. Möge Dorothea Leporin Euch und Euren Kindern zum Segen werden!"

Damit hakte sie sich zwanglos bei Dorothea und ihrem Verlobten ein und ging aufgerichtet zwischen den Brautleuten zur Blauen Galerie.

„Ich wollte schon immer einmal fragen", wandte sie sich an Erxleben, „ob Ihr etwas von Eurem Amtsvorgänger in St. Nikolai, von Simonetti, gehört habt."

Das Gesicht der Äbtissin nahm jetzt wieder den strengen, scharfen Zug an, der sie so unnahbar erscheinen ließ.

Der Pfarrer verneinte kurz, und Dorothea glaubte schon, dass damit das heikle Gespräch beendet sei.

Aber Maria Elisabeth konnte nicht umhin, die Jahre zurückliegende ärgerliche Angelegenheit wieder aufzurühren, und die Zornesadern an ihrer Stirn schwollen an.

„Ich kann das Plotho nie vergessen, wie er Simonetti, den ich zum Stiftsprediger ernannt hatte, von der Kanzel weg hat festnehmen lassen, bloß weil ich ihn nicht um Erlaubnis fragte. Acht und einen halben Monat hat man den Ärmsten im Gefängnis gehalten, der nichts als seine Pflicht mir gegenüber getan hat. Ich weiß, er wirkt jetzt an der Universität Göttingen, aber meinen Plan gebe ich nicht auf. Ich hole ihn mir doch noch an die Schlosskirche."

„Frau Herzogin, Sie dürfen sich nicht so erregen", Dorothea griff beruhigend nach der Hand der Äbtissin, „es schadet der Gesundheit."

Mit Besorgnis betrachtete die Ärztin die dunkle Röte, die nicht vom Gesicht Maria Elisabeths weichen wollte.

„Fräulein Leporin muss mir die nächste Woche mal Blutegel setzen", sagte sie wie nebenbei. Sie hatte die heimliche Sorge der andern verspürt.

„Am kommenden Freitag vielleicht", ging Dorothea sofort darauf ein, „und nun wollen wir Ihnen die nötige Ruhe gönnen, Frau Herzogin. Dürfen wir uns entfernen?"

Gnädig entließ die Äbtissin die beiden, ging sogar noch mit ihnen in den Roten Saal zurück und winkte dort einem Kammerherrn, der das Brautpaar hinausgeleitete.

Dann wandte sie sich wieder dem Schachbrett zu.

„Eigentlich ist es ein Blödsinn, Thun, dass diese begabte Leporintochter in einer so bürgerlichen Ehe als Pfarrfrau und Stiefmutter von fünf Kindern ihre vielversprechende Laufbahn beenden soll. Ich habe mir das anders gedacht!"

Unwirsch stieß sie die Bauern, die sie im Spiel hatte, um, gab ihren Damen ein Zeichen und verließ mit ihnen den Saal. *Launisches Weibsbild,* dachte der Hofmeister von Thun und ordnete die Schachfiguren in die Schublade des wunderschön eingelegten Spieltischchens.

* * *

„Mit einer Mutter zusammen ist Geburtstag doch viel schöner", sagte Sophie, als sie mit Dorothea den Gabentisch für die älteste und die jüngste Schwester vorbereitete. Es gab keine großen Geschenke, aber an kleinen Liebeszeichen sollte es doch nicht fehlen.

„Bäckst du mir auch einen Rosinenkuchen?" Lore fragte es und sah von ihrem Vergissmeinnichtkränzchen auf, das sie für die vierjährige Hanna band.

„Nur noch elf Tage", zählte sie an den Fingern ab, „dann ist der 22. Juni und ich werde acht Jahre alt."

„Ja, ja, Kind", meinte Dorothea und war mit den Gedanken ganz woanders. Nun musste doch noch eine kleine Magd eingestellt werden. Sie rechnete hin und her. Stine wurde nicht allein fertig, und sie selbst schaffte nicht mehr viel.

Vor allem hieß es, das schnelle und häufige Treppauf und Treppab einzustellen. Denn oft waren ihre Füße des Abends dick und der Rücken schmerzte sie. Und wenn das Kind erst da war …

Wie Dorothea so vielen Frauen geraten, hielt sie für sich frisch gewaschene, in der Sonne gebleichte Bettwäsche bereit und Leinen für das Neugeborene.

Noch am Morgen von Lorchens Geburtstag überwachte sie selbst die Kammer, in der sie die Wochen halten wollte.

Mit den Kindern hatte sie am Tag vorher das gelbe, duftende Labkraut gepflückt und ihnen dabei erzählt, dass man es auch

Marienbettstroh nennt, und dass das Christkind in der Krippe gar weich darauf gebettet lag. Sorgfältig streute sie das Heilkraut auf das Laken.

Sie wollte doch die Mutter bitten, heute Abend hier zu bleiben. Und sie, die so oft schon anderen Mut zugesprochen hatte, fühlte eine seltsame Ängstlichkeit aufsteigen.

Sie mochte nicht allein sein und trat deshalb bei ihrem Mann ein.

Johannes Erxleben sah von dem Kirchenbuch auf, in das er sorgsam Eintragungen machte, und legte sofort den Gänsekiel aus der Hand.

„Dörte, hast du dir auch nicht zu viel zugemutet?"

Er kam ihr entgegen und legte zärtlich den Arm um sie.

„Komm, ruh dich aus. Eigentlich müsste ich schimpfen, dass du noch so viel Kuchen gebacken hast und sogar noch Gäste erwartest."

„Es geht mir ja so gut, Johannes, ich will mich nur zu gern hier bei dir ausruhen."

Beide ließen sich am offenen Fenster nieder, und der Zauber eines sonnigen Junimorgens spann sie ein.

„Wenn es ein Junge wird, Dörte", fing Johannes nach einer Pause an, „soll er deines Vaters Namen tragen: Christian Polykarp."

Dankbar sah Dorothea zu ihm auf.

„Ist es aber ein Mädchen", fuhr der Pfarrer fort, „so soll es Dorothea heißen, das ist mir der liebste Name."

Als der 22. Juni des Jahres 1744 sich dem Ende zuneigte, kam Frau Leporin stolz mit einem Enkel auf dem Arm aus der Kammer.

„Wieder mal zwei Wiegenfeste auf einen Tag", grüßte der

Pfarrer den kleinen Christian und nahm ihn sehr behutsam seiner Schwiegermutter ab.

„Das hat der liebe Gott sehr praktisch in Eurer Familie eingerichtet", sagte sie lachend, „da braucht die Hausfrau allemal nur einen Kuchen zu backen."

Und als die Kinder von ihrem Ausflug ins Brühlwäldchen heimkehrten, den die Tante Kramerin, Dorotheas verheiratete ältere Schwester, zur Feier des Tages mit ihnen unternommen hatte, trat der Vater ihnen mit dem Brüderchen entgegen.

Fast feierlich bestaunten alle das kleine Wesen, das seine winzigen Fäustchen ins Gesicht gepresst, die Augen groß und blau geöffnet hielt.

„Wo ist die Mutter?", fragte Hannchen sofort.

„Sie hat sich ein bisschen zu sehr gefreut und möchte nun ruhen. Ein paar Tage soll sie liegen bleiben, und ihr werdet inzwischen sehr brav sein."

Alle nickten bereitwillig, aber sie vermochten doch nicht so schnell die laute Freude zu dämpfen.

Vor sich hindämmernd, hörte Dorothea den Jubel, den das Erscheinen ihres Knaben im ganzen Haus hervorrief.

Einen Augenblick lang streiften ihre Gedanken Agnes Fricke und ihr ungeliebtes, erwürgtes Kind; dann faltete sie dankbar ihre Hände und schlief beruhigt ein.

* * *

Vom Nordwind gejagt, tanzten die Schneeflocken im tollen Wirbel den Steinweg entlang. Sowie der Wind aber südlich drehte, flog das weiße Gestöber in umgekehrter Richtung die Straße wieder hinauf. Am Fenster des Doktorhauses saß Frau Anna, ihren zweiten Enkel auf dem Schoß, und sah mit ihm dem Spiel der Flocken zu.

Der kleine Albert war am 9. September ein Jahr geworden. Sonderbarerweise war sein Geburtstag auch auf den gleichen Tag mit einem seiner Geschwister gefallen, Fritz wurde gerade dreizehn Jahre alt.

Weil Alberts drolliges Geplapper und seine Tollpatschigkeit den schwerkranken Dr. Leporin von seinen Schmerzen ablenkte, nahm Dorothea das Kind gern mit, wenn sie die Mutter in der Pflege des Vaters ablöste.

Seit der unglückseligen Flucht vor sechs Jahren hatte sich der Arzt nicht wieder richtig erholen können. Was eigentlich so stark an seiner Gesundheit zehrte, konnte Dorothea nicht recht ergründen. Sie beobachtete aufs Genaueste die Art seiner Anfälle und suchte eine Erklärung für die in regelmäßigen Abständen wiederkehrenden qualvollen Kopf- und Gliederschmerzen. Aber so viel sie grübeln mochte und mit dem Patienten selbst die Maßnahmen zur Linderung der Beschwerden besprach, es gelang ihr nie, mehr als eine vorübergehende Besserung zu erreichen.

Auch heute, am letzten Tag des Novembers, war Dorothea von früh an um den Vater. Sie hatte ihn überredet, ein bisschen aufzustehen. Müde und zusammengesunken saß er auf der Ofenbank und fröstelte trotz der wärmenden Kacheln in seinem Rücken. Dorothea hatte eine Schüssel Wasser geholt und wusch dem Kranken vorsichtig Gesicht und Hände.

„Nun bin ich dein achtes Kind, Dörtchen", er versuchte ein Lächeln, aber es gelang ihm nicht recht. Und als stelle er eine ganz alltägliche Tatsache fest, fügte er hinzu: „Mit mir geht es nicht mehr lange."

Frau Leporin hatte die letzten ganz leise gesprochenen Worte gehört, sie ließ den kleinen Albert vom Schoß gleiten und kam weinend näher.

„An allem ist bloß euer falscher Ehrgeiz schuld. Wenn es nach mir ginge, ich hätte längst noch einen anderen Arzt geholt. Der Kammerherr von Preen, den Dr. Graßhoff behandelt hat, läuft wieder wie ein Wiesel herum, und er war schlimmer dran als der Vater. Aber ich kümmere mich einfach nicht um euren Eigensinn, ich hole noch einen Doktor. Ich weiß ja, ihr seid mit eurer Weisheit am Ende. Mir macht ihr nichts vor!"

Bei jedem harten Wort zuckte Dr. Leporin zusammen. Er wollte etwas erwidern, bekam aber die Lippen nicht auseinander. Dorothea warf der Mutter flehende Blicke zu und erreichte doch nichts anderes, als dass diese laut aufheulend aus dem Zimmer stürzte.

Auch das Haustor hörte man nach einiger Zeit zuschlagen.

„Ist es denn so schwer zu begreifen, dass jedes Ding sich einmal abnutzt? Mein Herz, meine Nerven sind einfach verbraucht; da helfen auch zehn Ärzte nicht, und wenn sie höchster Weisheit voll wären.

Zu keinem Kollegen habe ich mehr Zutrauen als zu dir. Du, Kind, du tust mir wohl, und etwas Besseres gibt es nicht mehr für mich."

Der kleine Albert, von der Großmutter so plötzlich verlassen, kam herangekrabbelt und rutschte mit auf die Ofenbank. Als er sah, dass der Großvater seine Augen geschlossen hielt, lehnte er sich ganz brav an ihn und verglich seine runde Patschhand mit den wächsernen, zuckenden Fingern des alten Mannes.

Dorothea schob dem Kranken noch ein Kissen in den Rücken und trug den Kleinen hinaus.

„Großvater will schlafen. Ganz leise, Albertchen, ganz leise sein."

Weil sie die Mutter draußen nicht sah, rührte sie schnell mal in der Suppe und gab dem Bübchen in der nach hinten gelegenen Küche eine Tasse Milch und einen Wecken. Dabei hatte sie nicht gehört, dass jemand zur Haustür hereingekommen und gleich in die Wohnstube gegangen war.

Ein lauter Wortwechsel ließ sie aufhorchen. Sie gab den Jungen schnell in die Obhut der kleinen Magd und eilte hinein.

Vor dem Ofenplatz stand Dr. Graßhoff und redete laut auf den Kranken ein, der so jäh aus dem Schlummer geschreckt, sich der vielen Worte gar nicht erwehren konnte.

Sein Blick suchte Dorothea, die erregt näher trat.

„Sie wünschen, Herr Kollege?"

Über die Fragende hinwegsehend, machte er eine kurze Verbeugung und wendete sich an Dr. Leporin.

„Frau Doktor wünschte mich dringend hierher. Ich traf sie gerade auf der Straße. Darf ich untersuchen?"

Abwehrend streckte der alte Arzt die Hände aus.

„Meine Tochter betreut mich, sonst niemand! Verstanden?"

Dorothea sah, wie dem Vater das Blut zu Kopf stieg, und wollte einlenken. Aber Dr. Graßhoff redete sich erst mal allen Zorn gründlich herunter.

Nichts als Brotneid, dachte sie und fühlte sich von den Anschuldigungen kaum berührt.

Lediglich dass sie dem alten Mann diesen Auftritt nicht ersparen konnte, das schmerzte sie. Beruhigend strich sie ihm über das dünne graue Haar und merkte plötzlich dabei, dass ihre Hand zitterte.

„Herr Dr. Graßhoff", sagte sie dann sehr fest, „mein Vater braucht unbedingte Ruhe. Sie sehen wohl selbst, wie die Erregung, die Sie hervorriefen, ihm schadet. Verlassen Sie bitte mit mir das Zimmer, weder Sie noch ich können jetzt etwas tun."

Grußlos verließ Dr. Graßhoff die Stube. Ohne einen Blick

auf Dorothea zu werfen, stand er schneller wieder auf der Straße, als er gedacht hatte.

An diesem Abend hielt es Dorothea nicht zu Hause. Sie hatte den kleinen Albert zurück in die Pfarrei gebracht und mit Johannes und den Kindern zu Abend gegessen.

Das Mahl war sehr still verlaufen, der Ernst der Mutter lastete auf allen.

Und als die Kinder im Bett waren und auch der Diakon, der heute eine Beerdigung weit draußen auf dem Land gehabt hatte, fest schlief, stand Dorothea, von Unruhe getrieben, wieder auf und verließ noch einmal das Pfarrhaus.

Schon von weitem sah sie bei den Eltern noch Licht und klopfte an die Scheiben. Die Mutter öffnete ihr.

„Der Vater schläft ganz ruhig. Mag sein, dass ihm der Graßhoff das richtige Mittel gegeben hat. Man soll doch immer mehrere Ärzte hören."

Dorothea staunte über die Ahnungslosigkeit der Mutter. Sollte der Vater gar nichts gesagt haben? Mit Absicht? Oder aus Schwäche?

Besorgt ging sie hinein. Nur jetzt keine Erörterungen! Sie beugte sich über das Krankenbett.

Kein Atemzug war zu vernehmen.

Sie fasste nach dem Puls und fühlte ihn nicht.

Jäher Schreck durchzuckte sie. Ein unterdrückter Schrei presste sich zwischen ihren Lippen hindurch, der die Mutter aufhorchen ließ.

„Ja, unser guter Vater schläft ganz ruhig. Er hat nun Frieden. Man sieht es ihm an. Komm, Mutter, er ist heimgegangen."

Fest hielt Dorothea die laut Weinende umschlungen.

„Er ist nun ganz frei von Schmerzen, frei von Sorgen. Können wir ihm Besseres wünschen nach all dem qualvollen Leiden?"

Verständnislos sah Frau Leporin ihre Tochter an, die sich gefasst die Tränen abwischte.

„Aber ich", schrie sie auf, „aber ich, was soll aus mir werden? O, warum hat er nicht auf mich gehört? Er könnte noch lange leben!"

Wimmernd verließ Frau Anna allein das Sterbezimmer.

* * *

Maria Elisabeth Kramer, die auf die Nachricht vom Heimgang ihres Vaters auf ein paar Tage ins Doktorhaus übergesiedelt war, verstand es besser, die Mutter zu trösten, als Dorothea in ihrer ruhigen, ganz nach innen gerichteten Trauer.

Während Frau Erxleben am liebsten ganz allein neben dem letzten Lager des Vaters saß, tränenlosen Abschied haltend, werkelten die beiden anderen Frauen in der Küche.

Sie rührten große Mengen Kuchenteig für den Leichenschmaus an, und wenn sie von dem Toten sprachen, so redeten sie an seinem innersten Wesen, das ihnen fremd geblieben war, vorbei. Es war, als flüchteten sie in nichtige Äußerlichkeiten, um unbewusst den tiefsten Erschütterungen zu entgehen. Oft machten sie sogar dem Verstorbenen Vorwürfe, als sei sein Tod ein Unrecht gegen die Hinterbliebenen, und auch Dorothea kam bisweilen nicht gut weg in ihren Reden.

Ab und zu, besonders wenn Besuch kam, stürzten die zwei Frauen weinend in den Frieden des Sterbezimmers und suchten das Grauen durch lautes Beten zu bannen. Bald danach aber konnte sie Dorothea wegen der Trauerkleidung fragen.

„Die Frau Pfarrer wird ja wohl noch zu ihres Vaters Ehren

etwas anderes anziehen können als dieses Fähnchen", meinte Frau Kramer im Hinausgehen.

Als die beiden draußen waren, fand Dorothea bald ihre Ruhe wieder, sie strahlte von dem wunderbar gesammelten Gesicht des Toten auf sie über.

Die schmal gewordenen, elfenbeinernen Züge schienen noch durchgeistigter als im Leben.

In stummer Zwiesprache hatte die Tochter die Augen auf den Vater gerichtet und wusste, dass das Band, das sie beide verknüpfte, durch den Tod nicht gelöst werden konnte.

Nicht nur dein Blut allein, deine Erkenntnis, dein Wissen, dein vorbildhaftes Sein lebt in mir fort.

Ich danke dir, dass du mir so viel mitgegeben hast.

Und ich will deinen Reichtum bewahren und treu verwerten. Vater, das gelobe ich dir!

Ihr war, als käme der Klang seiner Stimme noch einmal antwortend zu ihr mit all ihrer Wärme und Güte.

Unvergesslicher Klang!

Ewiges Wort: Mein Kind! Meine Tochter!

Und in der plötzlichen Erkenntnis, dass sie es nie mehr werde hören können, brach das Bewusstsein einer unendlichen Einsamkeit über sie herein.

So stark war das Gefühl des Alleinseins, dass sie seine Spuren mit sich tragen würde durch ihr ferneres Leben.

Ihre Gedanken streiften den Gatten, der an der Leichenrede für den Schwiegervater arbeitete, streiften die Kinder daheim, die Mutter, die Geschwister.

Sie alle schienen die Leere nicht ausfüllen zu können, die in ihr war.

Dass man so grenzenlos allein sein konnte!

Sie erhob sich von dem Stuhl neben dem Totenbett und ging zum Schreibtisch des Vaters. Liebevoll glitt ihr Blick über die abgegriffenen Bücher, aus denen sie zu zweit so oft Bereicherung ihres Wissens geschöpft hatten.

Zärtlich strich ihre Hand über die Hefte und losen Blätter, auf denen der Dahingegangene seine Erfahrungen niedergelegt hatte.

So würde er immer bei ihr sein.

Dorothea mochte das Klopfen überhört haben und sah sich ganz erstaunt um, als ihre Schwester Maria Elisabeth im Zimmer stand.

„Frau Merk aus der Stiftsmühle lässt dich rufen. Der Mahlknecht hat die Hand zerschunden, sollst sie ihm mit deiner guten Wundsalbe verbinden."

Am liebsten hätte Dorothea nein gesagt; doch als ihr Blick zu dem stillen Schläfer hinüberging, vermeinte sie zu spüren, dass er sie dorthin wies, wo es galt, dem Leben zu dienen.

* * *

Am 16. März des Jahres 1750 kam Dorothea Erxleben zum dritten Mal nieder, diesmal mit einer Tochter, die der Vater auf den Namen Anna-Dorothea taufte. Magdalene und Sophie waren stolz darauf, dass die Mutter, die sich nur langsam erholen konnte, sie beide mit der Pflege der kleinen Stiefschwester betraute.

Und auch als Dorothea schon lange wieder wohlauf war, nahmen die beiden Mädchen – nun achtzehn und sechzehn Jahre alt – das Neugeborene in ihre Obhut.

Es war den Pfarrerskindern von St. Nikolai selbstverständlich, dass Ruhe im Haus herrschen musste, wenn der Vater an seinen Predigten arbeitete. Ebenso selbstverständlich aber war es ihnen, dass man die Mutter entlasten musste, wenn sie aus dem Haus gerufen wurde, um ihre Kraft und ihr Können in den Dienst der Kranken und Armen zu stellen.

Die Älteren besonders waren stolz auf ihre tüchtige, kluge Mutter, die das Hauswesen ebenso gut instand hielt wie jede andere Bürgersfrau, und mit der man nebenbei noch so viel besprechen konnte. Die gemeinsam verlebten Abende vergingen meist viel zu schnell, besonders wenn Dorotheas Bruder Christian Polykarp, der inzwischen Physiker in Nienburg an der Weser geworden war, zu seltenen Besuchen nach Quedlinburg kam. Gern besprach er dann schwierige Fälle seiner Praxis mit der Schwester, die seine Anfangsstudien geteilt hatte, und beide tauschten ihre Erfahrungen aus.

An einem Markttag – es war im Winter 1752 – kam wie allwöchentlich eine Bäuerin aus Neuendorf mit Butter und Eiern ins Pfarrhaus. Dorothea hieß sie in der Küche niedersitzen, und dabei fing die Frau zu erzählen an.

„Meine Nachbarin, die Wegnern, die Frau Pfarrer kennt sie sicher, war früher öfter mit Hühnern und Gänsen hier. Das arme Weib ist sehr krank. Schon eine Weile war sie schwach, und weil sie nicht mehr recht helfen kann in der Wirtschaft, lassen es die Jungbauern an der Pflege fehlen. Es ist eine Schande!"

Dorothea erkundigte sich nach den näheren Umständen.

„Wo hat man denn die alte kranke Frau untergebracht?"

„In einer Kammer, die feucht und dunkel und kalt dazu ist."

„Könnt Ihr denn nicht dafür sorgen, dass man Frau Wegner besser bettet? Vielleicht holt Ihr einen Arzt, der nicht weit weg wohnt."

„Die jungen Wegners wollen keinen Arzt. Ich glaube, sie sind nur geizig. Es ist eine Schande, dass die Leute für die alte Mutter nichts übrig haben.

Und weil die Frau Doktor doch nichts nimmt, ich hab das schon oft gehört, da dachte ich ... ich könnte ja mal fragen, ob die Frau Doktor ..." Die Bauersfrau stotterte unbeholfen.

Dorothea verstand sie gleich.

„Berta, nenn mich nicht Frau Doktor, der Titel kommt mir nicht zu. Aber helfen tu ich gern um Christi willen, doch nur, wenn ich gerufen werde. Die arme Frau Wegner tut mir leid, deshalb gebe ich Euch ein paar Tropfen mit gegen das Fieber.

Aber die Kranke muss auf jeden Fall in ein warmes Zimmer, denn der Unterschied zwischen der Glut des Körpers und der feuchten Kälte der Kammer ist zu groß. Es könnte ihr Tod sein."

Dankbar nahm die Bäuerin aus Neuendorf die Tropfen und eilte heim.

Doch leider war Frau Wegner nicht mehr zu helfen. Sie nahm zwar die von Dorothea stammende Medizin, fühlte sogar eine leichte Besserung danach, aber da gleichzeitig roter und weißer Friesel herauskam – wie die Leute sagten –, so schritt das Fleckfieber schnell voran.

Am nächsten Markttag war die alte Frau schon tot.

Die Familie, die die schwerkranke Großmutter trotz aller Warnungen in der kalten Kammer gelassen hatte, erhob nun ein großes Geschrei, als habe die von Dorothea Erxleben begonnene Behandlung das Ende herbeigeführt.

Als dem Pfarrer die Sache zu Ohren kam, sprach er mit seiner Frau darüber, weil er nicht wollte, dass sie ihr in hässlicher Weise hinterbracht würde.

„Es ist ein großer Unterschied: bei einer Kur als durch eine Kur sterben", antwortete sie ihm ruhig, „ich bin mir keines Versehens bewusst."

Der Pfarrer strich ihr über das Haar: „Ich glaube fast, du hast den schwierigeren Beruf von uns beiden, Dorothea."

Sie schüttelte den Kopf: „Immer muss Gnade dabei sein, bei dir und bei mir, wenn unsere Arbeit gelingen soll, Johannes."

Arm in Arm gingen sie zu den Kindern, die schon auf das Tischgebet und die Mahlzeit mit den Eltern warteten.

Draußen aber lief das von Neidern aufgebauschte Gerücht durch die Gassen, Dorothea Erxleben habe den Tod der Frau Wegner in Neuendorf verschuldet.

* * *

Am Stammtisch in der „Goldenen Sonne" wurde es allmählich ruhiger. Wie immer war als erster Amtmann Quek pünktlich um sechs Uhr vom Dämmerschoppen aufgebrochen. Bald danach hatten die Lehrer Seidel und Klinghammer gezahlt, und der Postmeister Eilers und der Kaufmann Mutzenbecher hatten sich ihnen angeschlossen.

Der Zapfjunge leuchtete den Herren die Treppe hinunter, denn es war bei dem verhängten Februarhimmel stockfinster wie mitten in der Nacht.

Die drei am Stammtisch zurückgebliebenen Herren rückten nun dichter zusammen. Sie sahen sich nach allen Seiten um; und obwohl nur zwei Reisende hinten auf der Ofenbank ein einfaches Mahl verzehrten und sich mit dem Wirt sehr angeregt über die schlechten Postverbindungen unterhielten, senkten sie doch ihre Stimmen.

Alle drei beugten sich über ein Schriftstück, das Dr. med. Johann Tobias Herweg mit vielsagendem Lächeln entfaltete.

Die Kollegen, Dr. Henri Wilhelm Graßhoff und Dr. Andreas Adolph Zeitz, sahen gespannt auf ihren Freund. Dieser holte langsam seine große Brille hervor, putzte sie sorgfältig und rückte sie zurecht. Er genoss ordentlich die Erwartung der anderen.

„Der Schellersheim wird Augen machen", meinte er zwischen den Vorbereitungen, „aber als Stiftshauptmann hat er ja schließlich die Pflicht, sich unserer Angelegenheit anzunehmen."

„Ei gewiss, ei gewiss!", warf Dr. Graßhoff dazwischen, „sonst müssten wir uns an einem höheren Ort beschweren. Ich gebe keine Ruhe! Die Wut packt mich, wenn ich nur an den Tod unseres Kollegen Leporin denke."

Ehe noch der dritte Arzt seine Meinung äußern konnte, fing Dr. Herweg an zu lesen.

„Euer Hochwürden und Freiherrliche Exzellenz werden uns angemeldeten hiesigen Medizinern geruhen zu erlauben, in untertänigem Respekt hiermit eröffnen zu dürfen, was seit einigen Jahren hier durch starke Pfuscherei dermaßen ruiniert worden ist, dass kein rechtschaffener Medicus hier mehr existieren kann, weil nicht nur die meisten Wundärzte, sondern auch Bader und Barbiere, Hebammen und andere wie auch insbesondere des Herrn Pfarrer Erxlebens Eheliebste praktiziert, dass die Letztere mit einer unverschämten Verwegenheit in der medizinischen Pfuscherei sich sonderlich hervortut, indem sie die Patienten öffentlich besucht und sich ohne Scheu Frau Doktorin grüßen lässt, dass sie solches jetzt an Frau Wegner im neuen Dorf bewiesen, welche an Friesel krank gelegen und gestorben."

„Bravo, Kollege, bravo!", stimmt Dr. Zeitz zu, „und wenn der Schellersheim Frau Erxleben in unserem Sinne schreibt, so steckt sich die Pfarrerin den Brief nicht hinter den Spiegel."

„Ganz meine Meinung", pflichtete Dr. Graßhoff bei, „aber, meine Herren, worin besteht denn nun eigentlich unsere Forderung?"

Dr. Herweg schob ihm das Schriftstück zu.

„Hier, sehen Sie, hier mache ich den Vorschlag, dass die Bürger, die sich mit Pfuschern einlassen …"

„Lies Dorothea Erxleben!", warf Dr. Zeitz ein.

„Sehr richtig", fuhr Dr. Herweg fort, „dass die Bürger sowohl wie die Pfuscher selbst mit je zehn Schilling Strafe belegt werden sollen."

Den beiden anderen schien das zu wenig, und es entspann sich ein heftiger Wortwechsel.

Die zwei Reisenden am Ofen sahen ganz erstaunt zu ihnen herüber.

„O je, meine Frau", rief plötzlich Dr. Grashoff, als die Glocke von St. Nikolai die siebente Stunde schlug. Schnell wollte er sich den Schal um den Hals wickeln und aufbrechen, doch Kollege Herweg hielt ihn fest.

„Nein, nein, so geht das nicht, das Wichtigste fehlt ja noch, Eure Unterschrift."

Umständlich brachte der Zapfjunge ein großes Tintenfass mit einer mächtigen Gänsefeder heran.

Dr. Herweg spreizte sie etwas auf seinem breiten Daumennagel.

„Quedlinburg, den 5. Februar 1753", flüsterte er feierlich und setzte seinen Namenszug unter das Schriftstück.

Die beiden anderen folgten seinem Beispiel, und sehr befriedigt verließen die drei die „Goldene Sonne".

Draußen vor dem Neustädter Rathaus trennten sich ihre Wege.

Als Dr. Graßhoff den Steinweg links hinaufging, sah er Dorothea Erxleben mit der dreizehnjährigen Hanna aus dem Leporinschen Haus kommen.

Die Hände mit dem Spazierstock auf dem Rücken gekreuzt, stelzte er auf die andere Straßenseite, um nicht grüßen zu müssen.

Eigentlich eine niedliche Frau, dachte er, ihr an der nächsten Ecke nachsehend. *Schade um sie!*

* * *

Der Stiftshauptmann von Schellersheim wollte gerade sein Amtszimmer verlassen, als der Ratsbote ihm noch ein Schreiben brachte.

„Es ist eilig, Euer Exzellenz!"

Leise zog der Alte die Tür hinter sich zu.

Etwas gelangweilt und missmutig über die Störung öffnete der Stiftshauptmann den Brief und sah zuerst nach der Unterschrift.

Was wollen denn die drei Ärzte von mir? Ausgerechnet dieser Herweg ist dabei, der ausgemachteste Querulant, den ich kenne!

Schellersheim ließ sich noch einmal in seinem Sessel nieder und las. Erst als er das Schreiben zum zweiten Mal durchsah, begriff er, um was es hier ging.

Seine Bekanntschaft mit der Frau Erxleben war nur eine flüchtige, aber er erinnerte sich gern, oben im Schloss am Teetisch der Herzogin öfter mit ihr zusammengetroffen zu sein, ohne dass sie viel miteinander gesprochen hätten.

Stets hatte er nur Gutes von ihr reden hören.

Eine sonderbare Vorstellung, die zarte kleine Frau im Kampf gegen diese drei derben Männer zu sehen.

Solche Neidhammel, dachte er.

Am liebsten hätte er den Wisch in den Papierkorb geworfen; aber das ging nun auch wieder nicht.

Und hier in dem Brief fand sich ja auch die Anschuldigung wegen Frau Wegner. Er hatte schon in der Stadt davon gehört. Das Richtigste erschien ihm, nun auch die andere Seite zu Wort kommen zu lassen.

Deshalb machte er sich sofort daran und schrieb an die Frau Pfarrer Erxleben, sie möchte sich innerhalb von acht Tagen vor ihm verantworten. Eine Abschrift des Briefes der drei Ärzte fügte er bei.

* * *

Durch den Februarnebel ging Dorothea Erxleben über den Kirchhof und blieb am Grab des Vaters stehen. Noch nie seit seinem Tod hatte er ihr so sehr gefehlt wie in der hinter ihr liegenden Nacht, als sie, am Bett ihres Mannes wachend, mit allen nur erdenklichen Mitteln versuchte, sein heftiges Fieber zu bekämpfen. Mit einer schweren Erkältung war er kürzlich von einer Beerdigung nach Hause gekommen, und nach zweitägigem Krankenlager war eine Lungenentzündung hinzugetreten.

Dorothea zitterte um das geliebte Leben. Sie hätte immer weinen mögen und handelte doch ruhig und sicher.

Einmal in der vergangenen Nacht, als das Bewusstsein des Kranken ganz klar war, fragte sie ihn aus einer inneren Unruhe heraus, ob er noch einen anderen Arzt wollte.

„Nein, Dorothea, nein, Liebste! Du wirst mir helfen, sonst niemand. Sieh mal, vielleicht hast du all deine Kenntnisse nur erworben, um mein Leben zu retten."

Das war seine Antwort gewesen.

Sie hatte sich tief in ihr Herz gesenkt und ließ neue Kräfte keimen.

Wenn Gott mir die Liebe antäte, dass ich ihn, den liebsten Menschen, gesund machen kann!

Und nun in der Frühe, als langsam die Sonne durch den Nebel brach, verharrte sie in Gedanken versunken am Hügel des Vaters. Ihr war, als müsse sie ihrem getreuen Lehrmeister wie in früheren Tagen Bericht erstatten und seine Beurteilung der Krankheit anhören.

Vater, wenn du jetzt bei mir sein könntest! dachte sie bei sich.

Seltsam getröstet ging sie nach einiger Zeit zurück ins Pfarrhaus und nahm mit unerschütterlicher Zuversicht die Pflege des Kranken ganz allein in die Hand.

Gegen Mittag war Johannes, nachdem er sogar ein kleines bisschen gegessen hatte, fest eingeschlafen und Dorothea konnte ruhig ins Amtszimmer gehen und mit Küster Messen die notwendige Vertretung ihres Mannes besprechen.

Zu ihrer großen Freude erfuhr sie, dass der Konsistorialrat Meene von St. Benedikt sich erboten hatte, an den kommenden Sonntagen hier zu predigen. Auch ein Brautpaar, das wartend im Flur saß, musste an ihn verwiesen werden.

Während Dorothea Erxleben noch einen Auftrag für den Küster aufschrieb, fiel ihr Blick auf einen dicken Brief, der noch dazu an sie gerichtet war.

Sie hatte das Gefühl, als käme irgendwie eine Gefahr auf sie zu, als sie das Siegel des Stiftshauptmanns erkannte.

„Ist Ihnen nicht gut, Frau Pfarrer?" fragte der alte Messert besorgt.

„Es geht schon wieder, danke. Die Sorge und die Nachtwache! ... Mir ist schon besser. Gehen Sie nur und bringen Sie dieses Schreiben nach St. Benedikt." Sie drängte den Küster zur Tür hinaus, und als er gegangen war, lehnte sie sich mit geschlossenen Augen an die Wand.

Dann ging sie entschlossen zum Tisch und riss den Umschlag des Briefes auf.

Sie las in fliegender Eile, noch stehend.

Doch plötzlich schwankte sie, sank auf einen Stuhl, und das Schreiben entglitt ihren zitternden Händen. Nur ein paar Augenblicke dauerte die Schwäche an, dann griff sie nach dem Brief und las ihn noch einmal ganz langsam. Und doch fiel es ihr auch jetzt noch schwer, seinen Inhalt vollständig zu fassen.

Nach den hasserfüllten Zeilen der Kollegen wirkte die Sachlichkeit, mit der von Schellersheim die Angelegenheit behandelte, sehr beruhigend. Dorothea fühlte, dass sie an ihm eine Stütze haben würde.

Was sollte nun werden? Ach, dass sie sich nicht bei Johannes aussprechen konnte! Aber wie durfte man einen Schwerkranken mit solchen Sorgen belasten!

Es ist ja meine eigene Angelegenheit, darum muss ich sie auch allein durchfechten.

Dorothea verschloss den Brief vorsorglich und ging dann mit heiterer Miene ins Krankenzimmer.

Lass mich hier bei der schweren Krankheit meines Johannes einen Beweis meiner ärztlichen Kunst ablegen, mein Gott, hilf mir dazu!

So betete sie, die Augen auf den noch immer ruhig Schlafenden gerichtet.

Bin ich denn eine Pfuscherin, wie sie von mir schreiben? Kann ich denn gar nichts?

In ihre Grübeleien klang klar und nur noch ein bisschen schwach Johannes Erxlebens Stimme.

„Dörte, du hast mir ja ein wunderbares Mittel gegeben. Ich fühle mich so viel frischer. Auch den Schmerz in der Brust merke ich kaum noch."

Er streckte die Hand nach ihr aus, die sie leidenschaftlich drückte und mit Küssen und Tränen bedeckte.

„Aber, Liebste, nicht weinen. Du darfst dich doch nicht so erregen, das schadet dem Kind. Es wird ja alles gut!"

„Ja, Johannes, alles wird gut!"

Sie wischte die feuchten Spuren vom Gesicht und strahlte ihn an. „Alles, Johannes!", wiederholte sie sehr fest.

„Und nun nimmst du noch einmal von den guten Tropfen. Nachher koche ich dir einen feinen Trank aus Gerste, Weizenkleie und Zuckerkandel. Du sollst mal sehen, wie gut dir das tun wird."

Nach einigen Tagen war das Fieber ganz verschwunden, der Husten ziemlich gebessert.

Einen Teil der Pflege konnte Dorothea nun an die Töchter abgeben, und auch die Nachtwachen waren nicht mehr nötig. Trotzdem fand sie wenig Schlaf. Gerade nachts fing sie an zu überlegen, was und wie sie dem Stiftshauptmann antworten sollte.

Manchmal stand sie heimlich auf und füllte Blatt um Blatt mit ihrer Entgegnung.

Absichtlich schlug sie einen ihrer längst wiedergewonnenen Sicherheit gemäßen sachlichen Ton an, vermied plumpe Anrempeleien, von denen das Schreiben der Ärzte strotzte.

Johannes Erxleben fiel es auf, dass seine Frau so viel am Schreibtisch arbeitete, und als er erst wohler war, fragte er sie nach dem Grund.

Sie antwortete ausweichend und konnte nicht verhindern, dass sie rot dabei wurde.

„Später, Johannes, wenn du ganz gesund bist, zeige ich dir, was ich ausgearbeitet habe. Es würde dich jetzt zu sehr anstrengen, wollte ich es dir vorlesen."

Damit gab sich der Pfarrer zufrieden, und Dorothea brachte – noch innerhalb der gestellten Frist – ihre Verteidigungsschrift sauber und klar geschrieben zu Papier.

Sie war fest entschlossen, sobald Johannes das Bett verlassen haben würde, ihm alles mitzuteilen, damit er auf keinen Fall von unberufener Seite die gegen sie erhobene Anklage erführe.

* * *

An einem sonnigen Märztag – die Kinder hatten die ersten Veilchen aus dem Brühl geholt – erlaubte Dorothea ihrem lieben Patienten aufzustehen, nachdem er schon öfter ein Stündchen außerhalb des Bettes verbracht hatte.

Glückselig führte sie ihn an den festlichen Kaffeetisch. Strahlend froh erwarteten ihn die Söhne und Töchter.

„Heute ist der schönste Tag meines Lebens." Bewegt schloss die schmal gewordene Dorothea ihren Mann in die Arme.

Er behielt ihre Hand und streichelte sie zärtlich, während er sich glücklich im Kreis umsah.

„Ihr glaubt gar nicht, Kinder, wie schön das ist, wenn man so rührend gepflegt, so lieb gehabt wird!"

„Liebhaben tun wir dich ebenso, Vater, wenn du gesund bist." Magdalene kam heran und schmiegte den mit einer blonden Haarkrone geschmückten Kopf an des Vaters Wange.

„Nun, wenn ihr mir das versprecht, dann will ich mich beeilen und ganz schnell wieder gesund werden."

„Das möchte ich mir auch ausgebeten haben, Johannes. Du glaubst ja gar nicht, wie deine Gemeinde auf dich wartet. Die Liesel Eilers hat sogar ihre Hochzeit aufgeschoben, weil sie durchaus von dir getraut werden will und nicht von Meene."

Johannes Erxleben lachte. Zum ersten Mal seit langem war er wirklich heiter gestimmt.

„Aber das müsst ihr mir versprechen, Kinder, jetzt wird erst mal die Mutter gepflegt, hört ihr? Sie muss ungedingt wieder rote Backen bekommen."

Lachend versprachen es die Großen, und die Kleinen stimmten mit ein.

Fritz, der heute ganz übermütig war, hob die zierliche Dorothea auf beide Arme und trug sie um den Tisch.

In ihrer Ausgelassenheit versuchten es die kleinen Buben Christian und Albert ihm nachzutun, aber die Mutter wehrte ab. „Nein, nein, lasst das! Ich bin froh, wenn ich noch recht lange auf eigenen Füßen gehen kann. Aber sehr lieb wäre es mir, wenn ihr jetzt mal alle an eure Arbeit gingt, damit es hier wieder Ruhe gibt. Etwas Rücksicht müsst ihr schon noch auf den Vater nehmen."

Vergnügt trollten sich die Kinder hinaus, in der Tür noch

dem Vater zuwinkend, während die Töchter den Kaffeetisch abräumten und dann auch verschwanden. Glücklich sah ihnen der Pfarrer nach.

Als sie beide allein waren, ging Dorothea an die Kommode und entnahm ihr einige beschriebene Blätter. „Richtig, du wolltest mir ja noch etwas vorlesen, Dörte. Wir haben jetzt gerade die nötige Ruhe dazu; komm, setz dich zu mir."

Es fiel dem Pfarrer auf, dass seine Frau nur zögernd näher kam. „Ist es etwas Unangenehmes?", fragte er daher.

Dorothea vermied die Antwort und meinte: „Du musst mir aber versprechen, dich nicht aufzuregen, denn die Sache ist ja schon beinahe in Ordnung, Johannes."

„Nun, dann erzähl ohne Umschweife!"

Als Dorothea ihm dann das Schreiben der Ärzte vorlas, merkte er doch, wie es ihn erregte. Worte der Empörung warf er dazwischen.

„Diese Schufte! Eine Frau so zu beleidigen!"

Beruhigend legte Dorothea die Hand auf seinen Arm und fuhr fort.

„Einen saugroben Brief verdienen die auf ihren Wisch, die neidischen Kerle! Aber ich werde ihnen die einzige richtige Antwort geben."

Der Pfarrer wollte sich erheben, aber seine Frau hielt ihn sanft zurück.

„Das ist meine Sache, Johannes! Ich habe dem Schellersheim bereits geschrieben, und zwar so, dass er merken muss, wie ernst es mir mit dem Heilen und Helfen ist!"

„Da bin ich wirklich neugierig, was du geantwortet hast, Dörte."

Nun zitterte Dorotheas Stimme doch ein bisschen, als sie ihre Verteidigungsschrift vorlas.

„Es liegt mir fern, zu denen zu gehören, welche ohne den Menschen nach seinem eigentlichen Zustand zu kennen, ohne Erkenntnis der Krankheiten, ihrem Ursprung und nach bloßen Zufällen, ohne hinreichende Kenntnis der Mittel, die den Krankheiten entgegenwirken können, dieses oder jenes Mittel zum Versuch oder aus Gewinnsucht den Kranken zu reichen, nicht gedenkend, dass ein Tag kommt, an dem sie dem Herrn über Leben und Tod werden Rechenschaft ablegen müssen."

Johannes nickte zustimmend. Und das machte Dorothea ganz frei.

„Dann habe ich die Geschichte mit Frau Wegner genau so, wie sie sich zugetragen hat, dargestellt, damit der Klatsch endlich aufhört. Und nun pass mal auf, wie ich weitergeschrieben habe."

„Ich kann mich kaum überwinden, die lächerliche Beschuldigung zu berühren, dass ich mich Frau Doktorin nennen lasse. Die Herren belieben jemanden zu nennen, der mich so genannt hat, oder der gehört hat, dass ein anderer mich so nennt, ohne dass er von mir verwiesen worden ist.

Sollte dies mal geschehen sein, so hätte ich ebenso wenig daran gesündigt, als die Herren Geistlichen es tun, welche es der Einfalt der Bauern zugute halten, wenn sie von ihnen Magister genannt werden, obwohl sie es nicht sind."

„Das hast du sehr gut gesagt, Dörte, und nun würde ich ihnen noch schreiben, dass du keine Einnahmen aus der Praxis hast", meinte Johannes.

„Das habe ich bereits getan, hör mal zu!"

„Es sind aber meine Herren Gegner der Meinung, dass ihnen durch mein Heilen große Verluste geschehen seien. Dem halte ich entgegen:

1. Meine Kuren betreffen entweder mich selbst oder die Meinen. Selbst wenn ich niemals die Medizin studiert hätte, würden ihre Einnahmen doch keinen Zuwachs haben, weil uns sowohl wie anderen freisteht, zu konsultieren, wen wir wollen.

2. Der größte Teil meiner Patienten sind solche, welche hoch und heilig versichern, dass sie keinen Pfennig an ihre Gesundheit verwenden können, die ich unter dem Beistand Gottes von gefährlichen Zuständen gerettet habe, die mir aber nichts als redliche Wünsche dafür gegeben haben.

Welchen Grund haben meine Herren Gegner also, zu zürnen? Wollen sie mir dies missgönnen, oder wollen sie mich zwingen, den wirklichen Armen diese Art des Almosens zu versagen?

3. Wenn es welche gibt, die mich bezahlt haben, so ist die Bezahlung sehr gering gewesen, und es folgt ja nicht, dass diese, wenn sie einen von den Herren Medizinern gebraucht hätten, auch eben einen von diesen dreien und keinen anderen erwählt hätten."

„Sehr klar hast du das gesagt, Dorothea. Und dem Schellersheim wird das wohl auch einleuchten. Ich fürchte nur, die drei dir feindlichen Ärzte werden sich nicht überzeugen lassen und nicht eher ruhen, bis sie dich aus deiner Praxis gedrängt haben."

„Es gibt nur ein Mittel, um das zu verhindern. Wir beide müssen noch darüber sprechen, aber ich habe es einstweilen vorgeschlagen:

‚Da aber meine Herren Gegner durch ihre unbefugten Anschuldigungen mich dazu nötigen, die Promotion nachzuholen, würde ich sofort dazu schreiten, wenn nicht meine abermalige, in kurzer Zeit zu vermutende Niederkunft und die damit verknüpften Umstände erforderten, dies noch einige Zeit zu verschieben ...'"

„Unmöglich, Dorothea, was mutest du dir zu! Dann möchte ich lieber, du ließest das ganze Helfen sein."

Der Pfarrer war nun doch aufgesprungen und ging bis zum Fenster. Er ließ sich dort auf einen Stuhl fallen und sah seine Frau bittend an.

„Johannes, das kann ich nicht! Es wäre ja auch Wasser auf die Mühle der anderen. Weißt du denn nicht mehr, dass der Graßhoff erzählt hat, ich sei damals mit Christian in Halle gewesen, hätte aber die Prüfung nicht bestanden? Nein, ich will ja gerade den Beweis erbringen, dass ich ebenso viel kann wie die anderen Ärzte. Aber wer weiß, vielleicht wollen sie nicht so lange warten. Und darum habe ich noch Folgendes an Herrn von Schellersheim hinzugefügt: ‚Damit aber Euer Hochwürden überzeugt sind, dass bei meinen Kuren nichts zu befürchten ist, so bin ich bereit, falls meine Herren Gegner mit der Erklärung nicht zufrieden sind, und die kurze Zeit bis zu meiner Promotion ihnen zu lange erscheint, mich vor ihnen zum Examen zu stellen, jedoch nur, wenn sie auch alle drei erscheinen und dieses Exempel selbst vornehmen.

So will ich denn hiermit anbieten, sobald meine Niederkunft vorbei sein wird und ich meinen Kirchgang gehalten haben werde, mich auf die erste Zitierung einzustellen, da ich nicht daran zweifle, dass meine Herren Gegner einen anderen Begriff, als sie bisher von mir gehabt, bekommen werden.'"

„Dorothea, Dorothea", sagte Johannes Erxleben besorgt, „ich fürchte, das wird über deine Kräfte gehen."

Die Ärztin schüttelte den Kopf.

„Lass mich gewähren, ich bitte dich, Johannes, es muss sein."

Sie verschloss die Papiere wieder sorgfältig und trat dann zu ihrem Mann ans Fenster.

„Wir wollen uns den schönen Vorfrühlingstag nicht verderben. Alles bedeutet ja nichts dagegen, dass du uns wiedergeschenkt bist!

Aber es war ein bisschen viel für dich heute. Darum leg dich noch ein Stündchen vor Tisch hin, Johannes." Zärtlich umschlungen gingen die beiden aus dem Zimmer.

* * *

Der Wirt der „Goldenen Sonne" schüttelte seinen Kopf, als die drei Ärzte, die sonst nie am Stammtisch fehlten, bereits den zweiten Abend nicht bei ihm erschienen waren.

Doch Dr. Herweg hatte es für besser gehalten, dass die Kollegen Graßhoff und Zeitz ihn wegen wichtiger Besprechungen in seiner Wohnung aufsuchten.

Er ließ ein paar Krüge Bier aus der Schlossbrauerei holen, und die drei saßen bei verschlossenen Türen über dem Schreiben des Stiftshauptmanns, dem eine Abschrift des Briefes von Dorothea Erxleben beigefügt war.

Dr. Herweg las ihn vor, und zwar in einem so spöttischen Ton und mit hoher Stimme, dass die anderen sich vor Lachen bogen.

„Na ja, die Entbindung kommt ihr gerade recht. Frauen finden immer eine Ausrede", wandte Graßhoff sich an den Vorleser, „warum hat sie nicht schon als Ledige promoviert? Sie war doch in Halle, ich weiß es. Aber sie kam schön wieder in der Weibermütze."

„Das ist meines Wissens gar nicht erwiesen", warf Dr. Zeitz ein, dem die ganze Sache schon längst anfing ungemütlich zu werden, „ich würde vorsichtig mit dem Verbreiten solcher Gerüchte sein."

Doch Dr. Graßhoff fuhr unbekümmert fort.

„Es scheint, als wenn sie sich einbildet, sie könne die Verant-
wortung in und aus dem Wochenbett geben, denn sie spielt ja
so oft darauf an und bringt einen ordentlichen Widerspruch
an den Tag.

Denn aus dem Wochenbett unter den Doktorhut zu kriechen, ist ja wohl paradox!"

Dr. Herweg, der schon dabei war, ein Antwortschreiben an
Herrn von Schellersheim aufzusetzen, lachte laut und schlug
sich auf die Schenkel.

„Das ist ein Einfall, Graßhoff, aus dem Wochenbett unter
den Doktorhut zu kriechen!"

Langsam wieder ernst werdend, wandte er sich an die Kollegen.

„Hört mal, wie findet ihr diese Formulierung? ‚Es muss der
Verstand das meiste dabei tun, und aus diesem Grund wird
Frau Pfarrer Erxleben wohl niemals einen Patienten kurieren
lernen, weil kein Mensch den anderen behandeln kann, wenn
der Lehrling keinen Mutterwitz hat und diesen einsetzt.
Ansonsten ist alle Gelehrsamkeit vergebens.‘"

Dr. Zeitz wollte Einwendungen machen, aber Herweg küm-
merte sich nicht darum und fuhr fort:

„So gibt sie mit wachem Verstand an, sie wolle sich von uns
dreien examinieren lassen, es müssten aber alle drei Gegner dabei
sein.

Es wäre ja an einem genug; aber meine liebe Frau Pfarrer, was
käme denn dabei heraus? Gewiss ein leeres Gezänk und
Gewäsche!

Da sieht meine liebe Frau, was sie für kluge Gedanken in
ihrem Kopf hat. Wäre sie Frau Pfarrer Erxleben geblieben, so
hätte sie alle gebührende Ehre. Nun sie aber sich der Pfuscherei
befleißigt, so verliert sie allen Respekt."

Dr. Graßhoff klatschte in die Hände. „So ist's richtig! Was
denkt sich denn das eingebildete Frauenzimmer!"

„Dein Brief, Herweg, ist eine Niederträchtigkeit! Und da mache ich nicht mehr mit. Auf meine Unterschrift könnt ihr lange warten. Guten Abend!", sagte Dr. Zeitz, und draußen war er.

Erst sahen sich die beiden Zurückgebliebenen etwas verdutzt an, dann brachen sie in ein schallendes Gelächter aus.

* * *

Am 10. März des Jahres 1753 traf im Pfarrhaus zu St. Nikolai ein kurzes Schreiben vom Stiftshauptmann ein. Er stellte Dorothea Erxleben eine dreimonatige Frist, in der sie promovieren sollte.

Vier Tage später wurde ihr dritter Junge, Johann Heinrich, geboren.

So schwach wie nach dieser Entbindung hatte sich Dorothea noch nie gefühlt.

Wohl versah sie einige Wochen später bereits wieder ihre Pflichten im Haushalt und in der Gemeinde wie früher, aber es fiel ihr alles schwerer.

Besonders, wenn sie den kräftigen Knaben gestillt hatte, ermüdete sie so stark, dass der Pfarrer sehr besorgt um sie war.

Blass und durchsichtig saß sie oft, obwohl ihr Mann sie früh zu Bett geschickt hatte, noch heimlich über den Büchern. Wie immer studierte sie mit großer Freude, aber sie konnte sich doch der Gewissheit nicht verschließen, dass sie jetzt körperlich einfach nicht imstande war, die Doktorprüfung in Halle abzulegen, zu der sie auf ihre Anfragen zum zweiten Mal die Erlaubnis Friedrichs II. erhalten hatte. Besonders fürchtete sie, dass ihre Gegner sie feige schelten würden. Und eine Drückebergerin war sie doch wirklich nicht! Zornestränen schossen ihr oft in die Augen, wenn sie ihrer körperlichen Schwäche so gar nicht Herr werden konnte.

„Nun wollen wir doch mal sehen", meinte Dr. Herweg am Stammtisch in der „Goldenen Sonne", „ob Frau Erxleben ihr Wort hält."

Dr. Graßhoff zuckte die Achseln. „Werde einer aus den Weibern klug! Übrigens finde ich den Ton, in dem uns der Schellersheim die Absichten von ihr mitteilt, einfach empörend! Unerhört! Sind wir denn Schulbuben, dass er uns Vorschriften macht, was und wie wir schreiben sollen!"

„Vielleicht denkt er ebenso wie unser Kollege Zeitz und fühlt sich als Kavalier zur Verteidigung der verfolgten Unschuld verpflichtet."

„Kavalier hin und Kavalier her, uns täuscht er nicht, Herweg! Und wenn Dorothea Erxleben etwa nicht promoviert, dann soll er was erleben! Bis zum König gehe ich!"

Im Juni verbrachte Dorothea sehr viele Stunden mit Studieren.

Dr. Junkers „Cospectus physiologiae, pathologiae, therapiae universalis et specialis" musste sogar manchmal mit in die Küche und die Kinderstube wandern.

Trotz allem Lernen, und obwohl sie ihre Kräfte bis zum Äußersten anspannte, kam Dorothea zu der Erkenntnis, dass es ihr nicht möglich sein würde, die vorgesehene Frist von drei Monaten einzuhalten.

Sie schilderte daher dem Stiftshauptmann ihre Lage und bat darum, dass der Zeitpunkt der Promotion noch hinausgeschoben würde.

Herr von Schellersheim kam ihrem Wunsch nach und verlängerte die Frist um ein halbes Jahr.

Erleichtert atmete Dorothea auf, als sie diesen Bescheid erhielt. Und erst am 6. Januar 1754, nachdem sie wieder ganz hergestellt war und den kleinen Hans entwöhnt hatte, meldete sie sich förmlich zur Doktorprüfung in Halle.

* * *

Noch nie war Dorothea so voll Freude über den Frühling gewesen wie in diesem Jahr. Schon beim ersten Märzensonnenschein hatte sich die ganze Familie in der Gartenlaube häuslich eingerichtet. Auch die Wiege war ins Freie gebracht worden, und der kleine Hans krähte vergnügt strampelnd in den Lenz hinein.

Durch den Garten und Sonnenschein wurde das häusliche Leben wesentlich einfacher für Dorothea. Die Kinder beschäftigten sich draußen so schön allein. In einer Ecke durften die Jüngsten buddeln, soviel sie wollten; sogar das Planschen mit Wasser war dort erlaubt. Dann gab es das schöne Spiel „Postkutsch", bei dem sogar der zehnjährige Christian mitmachte. Der um zwei Jahre jüngere Albert war das Pferdchen und Annchen die Dame, die sehr weit reisen wollte.

Dorothea zog sich jeden Nachmittag in die Mansarde zurück. Sie hatte dort ihren Platz so gewählt, dass sie auch nach den Kindern unten im Garten sehen konnte.

Das frohe Geplauder und Lachen störte sie keineswegs. Nur ein Streit, der zu Tätlichkeiten auszuarten drohte, konnte sie aus ihrer Arbeit reißen.

Aber dann genügte meist ihr mütterliches Machtwort sehr schnell, um den Frieden wiederherzustellen.

Auch heute saß Dorothea hier oben. Stahls „Theoria Medica Vera" lag aufgeschlagen vor ihr. Zwischen den Zeilen und am Rand fanden sich noch Anmerkungen des Vaters. Ihr war zuweilen so, als sei er bei ihr und wolle ihr helfen.

Da stand kaum noch leserlich: siehe Alberti „Introductio in universam Medicam, Seite 10."

Sie holte sich das Buch heran und las an der angegebenen Stelle wieder Aufzeichnungen von der Hand des Vaters.

Ob er wohl mit dem einverstanden sein würde, was sie in ihrer Doktorarbeit niederlegen wollte?

Sicherlich! Denn vieles, was ihr erst in Gesprächen mit ihm klar geworden war, hatte sie nun schriftlich ausgeführt.

Sie schloss die Bücher und nahm Schreibzeug und Papier zur Hand. Gerade, als sie in dem für die Doktorprüfung erforderlichen Lebenslauf fortfahren wollte, klopfte es.

Stine trat ein.

„Ich wollte nur mal fragen, die Berta aus Neuendorf ist da. Soll ich ihr Eier abnehmen?"

„Ja, ja! Das heißt, was kosten sie?"

„Vier Groschen der Kasten."

„Gut, so nimm einen und back uns die Hälfte davon heute Abend mit Speck. Bis sieben Uhr möchte ich aber jetzt ungestört sein. Sag's auch den anderen. Und Sophie muss sich mal um den Kleinen kümmern."

Stine nickte und verschwand.

Dorothea schrieb an ihrem Lebenslauf weiter.

„Obgleich ich ständig viele häusliche Geschäfte zu verrichten habe, welchen ich mich weder entziehen konnte noch wollte, vermochten diese es doch nicht, mich vom Studieren abzuhalten. Und ich fand, dass es sehr wohl möglich ist, bei verschiedenen häuslichen Geschäften sowohl ein Buch mit Nutzen zu lesen, als auch den Unterricht des Lehrenden anzunehmen. Dass aber auch das, was durch andere Geschäfte und Zerstreuungen wirklich im Studium versäumt wird, sich wieder einbringen lässt, wenn man seine Bequemlichkeit etwas einzuschränken sich nicht verdrießen lässt.

Ich beschloss daher ernstlich, mich durch nichts vom Studium abbringen zu lassen und zu probieren, wie weit ich es in der Arzneikunde bringen kann. Zwar wusste ich wohl, dass es an solchen nicht fehle, die das Studieren der Frauen nicht nur tadeln, sondern auf eine niederträchtige Art, die den Gelehrten schlecht ansteht, bewerten.

Ihr vergebliches Schimpfen macht diese Widersacher bei dem Vernünftigen verächtlich. Ihr Gewäsch wird mich niemals verleiten, mein Studium zu bereuen oder ihnen zu antworten und dadurch die edle Zeit zu vergeuden."

An dieser Stelle hörte Dorothea auf, weil es in dem Dachstübchen dämmrig wurde.

Sie schien mit ihrer Arbeit zufrieden und streute Sand über das sauber geschriebene Blatt.

Als sie es zu den anderen legte, trat ihr Mann ein.

„Ich störe doch nicht etwa, Liebste?"

„Aber nein, Johannes, gerade bin ich für heute mit dem Schreiben fertig. Und nachher will ich auch nicht mehr viel lesen. Der Christian hat ja ein Loch in der Hose, sooooo groß."

Der Pfarrer musste lachen.

„Da kannst du ja bald selbst durchschlüpfen, Dörte! Aber komm, es riecht so köstlich durchs ganze Haus, dass mir das Wasser im Mund zusammenläuft."

Arm in Arm stiegen die beiden die Treppe hinunter.

„Vorhin sind zwei Briefe gekommen, Dorothea."

„Von Magdalene?"

„Ja, sie schreibt, dass der Vikar, von dem sie uns letzthin berichtete, wieder in Dreyleben war, und dass er demnächst bei uns um ihre Hand anhalten will."

„Nun, und was meint sie selbst dazu?"

„Sie legt es ganz in unsere Hand, das gehorsame Kind."

„Mir wäre es offen gestanden lieber, Johannes, wenn wir wüssten, ob sie ihn gern hat."

Sie brachen das Gespräch ab, als sie an den Esstisch traten.

Der Pfarrer betete, und dann trug Stine die große Schüssel mit den Speckeiern und den Bratkartoffeln auf.

Alle Teller streckten sich Dorothea entgegen.

„Der Bescheidenste bekommt zuerst!"

Sofort wurden alle Arme zurückgezogen und die Hände im Schoß gefaltet. Sophie reichte der Mutter die leeren Teller zu, und bald hatten alle ihr Teil.

Vergnügt sah sich Dorothea im Kreis um. *Was brauche ich eigentlich mehr,* dachte sie und wusste doch ganz genau, dass sie den besonderen Weg gehen musste, auf den Gott sie wies.

Beim Schein der Lampe saßen Sophie, Lore und Hanna noch mit den Eltern beisammen.

Der große Flickkorb stand mitten auf dem Tisch und die drei Mädchen stopften eifrig Strümpfe.

Dorothea, die Christians Hose in den Händen hatte, fragte:

„Du sprachst doch vorhin von zwei Briefen, Johannes, nicht?"

„Ja, Fritz hat aus Halle geschrieben."

Die Mädchen horchten auf.

Sie waren nicht wenig stolz auf den Bruder, der Pfarrer werden wollte wie der Vater.

„Er schreibt, wenn die liebe Frau Mutter nach Halle kommt, so möchte sie bei ihm wohnen. Seine Wirtin werde noch ein Bett in das Zimmer stellen. Sie freut sich schon mit ihm auf deinen Besuch. So würde es auch gewiss billiger als im Gasthof, meint unser sparsamer Sohn."

Dorothea ließ die Arbeit sinken.

„Der Gedanke ist gar nicht von der Hand zu weisen, Johannes, und wie schön für mich, gerade in diesen schwierigen Tagen einen lieben Menschen nahe zu haben. Mir fällt ein

Stein vom Herzen. Noch nie habe ich in einem Gasthof übernachtet, und man hört so allerhand. Gleich morgen will ich dem guten Jungen schreiben."

Erleichtert nahm sie die Flickerei wieder auf.

„Euch möchte ich nur nochmals sagen", wandte sie sich an die Mädchen, „sprecht in der Stadt nicht von meiner Reise nach Halle, sonst nimmt es kein Ende mit dem Fragen."

Die drei versprachen es.

„Mutter, darf ich aufhören? Vier Paar sind fertig, und ich möchte so gern noch lesen."

Lore fragte es, die Achtzehnjährige, und schob gleich ihr Stopfzeug in den Korb.

„Ja, du darfst lesen, aber deine Schwester und wir wollen auch etwas davon haben. Was hast du denn für ein Buch?"

„Großmutter Leporin hat es mir neulich mitgegeben. Es ist schon ein bisschen altmodisch, 1715 gedruckt!"

„Dann ist es ja gerade so alt wie ich." Lachend zog Dorothea das Buch zu sich herüber und las den Titel: „Curieuses und wohl verfasstes Frauenzimmer-Kunst- und Handbuch."

Sie gab es Lore zurück, die gleich darin blätterte.

„Hier!", rief sie plötzlich, „hier ist etwas für mich", und sie zeigte gleichzeitig auf ihre braungetupfte Nase. „Hört mal zu! ,Sonderbares Wasser für die Sommersprossen. Man nimmt frisch gelegte Eier, so neu, als man sie haben kann, gießt sauren Weinessig darauf und lässt sie neun Tage stehen. Zur selben Stunde, da man sie hineingelegt, nimmt man sie wieder heraus. Danach reißt man die Schalen auf, siebt das Eiweiß in ein Glas, dass die Dottern herausbleiben. Danach nimmt man ein Stück Kampfer, zerstößt es mit ein paar bitteren Mandeln, tut es in das Wasser und stellt es an die Sonne, dass es destilliert. Damit wäscht man sich abends, so nimmt es alle Sommersprossen weg.' Ob ich das mal mache, Mutter?"

„Ich glaube, es ist besser, Lore, wenn du die Eier aufisst, statt sie ins Gesicht zu reiben", antwortete Dorothea.

„Und wenn dich mal einer wirklich lieb hat, Kind, dann küsst er dich auch mit Sommersprossen", meinte der Vater lachend, „und nun gute Nacht!"

Vergnügt standen alle auf, und bald lag das Pfarrhaus von St. Nikolai in tiefem Schlaf.

Nur oben im Mansardenstübchen brannte noch ein einsames Licht. Dorothea war doch noch an ihre Arbeit zurückgekehrt. Sie wickelte sich in ein warmes Tuch, denn es fröstelte sie in der kühlen Märznacht.

Sie las noch einmal einige Blätter ihrer Doktorarbeit. Das Latein schien ihr fehlerlos, darum begann sie mit der Abschrift:

„Von der gar zu geschwinden und angenehmen, aber deshalb öfters unsicheren Heilung der Krankheiten.

Sehr viele und große Pflichten liegen nach einmütigem Geständnis derer, welche von der Heilungskunst einen richtigen Begriff haben, einem Arzte ob.

Jedoch hat ein zu Rom ehemals berühmter Arzt Ascepiades alles, was von dem Arzt kann gefordert werden, kurz und gleichsam in drei Worten zusammengefasst, da er gesagt, es müsse derselbe bald, sicher und auf angenehme Art und Weise helfen.

Gewiss drei große Pflichten!

Ich will mich bemühen, von einer jeglichen derselben mit wenigen Worten zu reden.

Es kann nicht geleugnet werden, dass ein Arzt, dessen Sorge nur dahin gehet, dass er bald und auf eine angenehme Weise helfe, leicht verleitet werden könne, dass er das vornehmste Stück seiner Pflicht außer Augen setze und zu wenig dafür Sorge trage, dass seine Kuren sicher und gründlich können genannt werden.

Diese zu erweisen ist die Absicht, die mir diesmal in folgender Abhandlung die Feder führt."

Dorothea war müde geworden. Einen Augenblick schloss sie die Augen. Dann zählte sie die Blätter, die noch abzuschreiben waren. Acht Hauptstücke! Noch siebenundachtzig Absätze!

Sie seufzte tief und wickelte sich fester in ihr Tuch.

Als sie leise die Treppe hinunterstieg, hörte sie Hänschen schreien, dessen Bett bei Lore in der Kammer stand.

Mit dem Licht in der Hand trat sie ein und stellte es so ab, dass der Schein die Tochter nicht weckte.

Dann nahm sie den kleinen Kerl hoch, der sich in ihrem Arm schnell beruhigte. Und nachdem sie ihn noch trockengelegt hatte, steckte er sein Däumchen in den Mund und schlief gleich ein.

Ein Uhr schlug es von St. Nikolai, als der Schlaf endlich auch zu Dorothea kam.

* * *

In den ersten Apriltagen des Jahres 1754 erhielt Dorothea Erxleben die Aufforderung, sich am 6. Mai zur medizinischen Doktorprüfung in Halle einzufinden.

Seit sie das wusste, war ihr manchmal, als müsse sie einen sehr hohen Berg ersteigen und habe keinen Stab bei sich. Als sie einmal mit ihrem Mann darüber sprach, tröstete er sie: „Du hast ja so gute Stützen und brauchst dich nicht zu ängstigen: deine genaue Kenntnis der Heilkunde, die du schon so oft bewiesen hast, und deine gerade unvergleichliche Beherrschung des Lateinischen."

„Und doch, Johannes, kann man mein Vorhaben auch missverstehen. Frau Maria Elisabeth erzählte mir gestern, dass ihre

Freundinnen mich eitel finden. Und ich glaube fast, selbst meine Schwester denkt, dass ich eigenen Ruhm suche."

Der Pfarrer schüttelte den Kopf.

„Aber Dorothea, der, der dir ins Herz sieht, und vor dem wir keinen Gedanken verbergen können, weiß, dass du ihm die Ehre gibst, wenn du auf solche Weise dir einen Namen machst vor den Menschen, denen allein dein Wirken gilt."

Zärtlich schmiegte sie sich an ihn.

„Nun will ich auch gar nicht mehr daran denken, sondern euch schnell ein paar knusprige Eierkuchen zur Vesper backen."

Und flink war Dorothea in der Küche und rührte Eier und Mehl zusammen.

„Nein, Mutter, in diesen Tagen darfst du in Küche und Haus nicht das kleinste bisschen tun!"

Damit nahm Sophie ihr den Quirl aus der Hand und schob die Mutter aus der Küche.

„Nächste Woche muss es ja sowieso ohne dich gehen. Lore und ich werden es schon schaffen, und Hanna kann uns auch allerhand helfen."

Wie rührend sie sind und mich mit ihrer Liebe tragen, dachte Dorothea und stieg die Treppe hinauf.

Bis herauf in die Mansarde klang das Lachen ihrer Buben, als sie sich daranmachte, den letzten Absatz der Doktorarbeit abzuschreiben.

„§ 87. Dieses ist, was ich in diesen wenigen Blättern anzuführen entschlossen war. Ich stehe keineswegs in dem Gedanken, dass ich alles vollkommen ausgeführt habe, ich bekenne vielmehr, dass noch vieles hinzugefügt, noch manches besser ausgeführt werden könnte.

Nur darum bitte ich den geneigten Leser, dass er, was ich

geschrieben, mit günstigen Augen ansehen und mit mir die Ehre Gott allein geben wolle."

Dieser letzte Satz war nicht etwa eine Redensart. Dorothea empfand ihn in seiner ganzen Tiefe und faltete unwillkürlich die Hände über der beendeten Arbeit.

„Mutter, Mutter, komm schnell!" Die Angerufene schreckte auf und beugte sich weit aus dem Fenster.

„Was ist?"

„Onkel Christian ist da!"

Und da sah sie schon ihren Bruder heraufwinken. Sofort eilte sie nach unten.

Glückstrahlend lagen sich die Geschwister in den Armen.

Nach dem Abendbrot nahm Dorothea den Bruder mit nach oben. Sie wollte ihm gern ihre Doktorarbeit zeigen. Er las den Titel und wiegte gedankenvoll den Kopf.

„Von der gar zu geschwinden und angenehmen, aber deshalb öfter unsicheren Heilung der Kranken."

„Darüber habe ich mir auch schon oft Gedanken gemacht, Dorothea, und ich bin zum Beispiel ein ausgesprochener Gegner der rasch wirkenden Abführmittel, hilft die Natur doch langsam durch heilsame Bewegung oder Mäßigung bei bestimmten Speisen dem Körper."

Dorothea wies auf den Absatz ihrer Abhandlung hin, wo sie den gleichen Ideengang ausgeführt hatte.

„Und ebenso", fuhr Christian fort, „denke ich über die Fieberbekämpfung. Unterdrückt man diesen Zustand des kranken Körpers zu früh, so kann das Leiden sogar schlimmer werden als zuvor."

Dorothea nickte.

„Auch das habe ich hier erörtert und hoffe, mit diesen Gedanken vor den hohen Professoren in Halle bestehen zu können."

„Darum ist mir nicht angst. Schon damals, als wir beide noch bei unserem Vater lernten, wusstest du meist mehr als ich, Dörte."

„Aber bedenke, Christian, dass bei uns in Deutschland noch niemals eine Frau den medizinischen Doktorgrad errungen hat. Und ausgerechnet ich soll die Erste sein, die sich dem Urteil gelehrter Männer aussetzt. – O Christian, und wenn ich versage? Ist das dann nicht eine Schande für das ganze weibliche Geschlecht?"

„Mal dir doch so etwas nicht aus, Schwester! Übrigens ist der Dekan Junker, der seinerzeit auch mich geprüft hat, ein prachtvoller Mensch. Wie ich ihn kenne, wird er nicht wenig stolz darauf sein, als Erster eine derartige Promotion, von der die ganze Welt sprechen wird, in Halle durchführen zu können. Der liebenswürdige alte Professor bekommt es gar nicht fertig, ein weibliches Wesen schroff zu behandeln. Ich glaube, du wirst ihm gefallen, Dorothea!"

Lachend betrachtete Dr. Leporin seine zierliche Schwester von oben bis unten.

Sie aber drohte ihm errötend mit dem Finger.

„Du bist doch immer noch derselbe Schlingel wie damals. Komm jetzt, Johannes und die Kinder warten unten."

* * *

In der letzten Woche vor der Prüfung kam eines Nachmittags Mutter Leporin mit Dorotheas Schwester ins Pfarrhaus, sie brachten noch die Schneider-Jette mit. Frau Anna war nämlich der Meinung, dass Dorothea nicht fein genug für eine so feierliche Gelegenheit gekleidet sei.

„Die Jungen brauchen nötiger neue Hosen als ich ein Staatsgewand. Jettchen soll lieber für Magdalene bald ein schönes Brautkleid nähen, statt mich jetzt aufzutakeln."

Mutter Leporin machte Einwendungen, aber Dorothea ließ sich nicht beirren.

„Die Professoren wollen doch nicht wissen, was meine Schneiderin kann, sondern ob ich ihre Fragen zu beantworten verstehe.

Es ist selbstverständlich, dass ich so würdig und so ordentlich wie nur möglich in Halle antreten werde, aber dazu brauche ich eure Modejournale nicht."

Heiter legte Dorothea einen Arm um die Mutter, den anderen um die Schwester und führte sie zu ihrem Kleiderschrank. Sie öffnete und wies auf ein braunes Marinokleid mit hellblauen Paspeln.

„Das will ich auf der Reise tragen."

Maria Elisabeth Kramer lobte den guten Stoff und den Faltenwurf, meinte dann aber: „Ein bisschen zu jugendlich, diese hellblaue Verzierung, du bist doch immerhin neununddreißig Jahre alt."

Dorothea überhörte die spitze Bemerkung und nahm das schwarze Seidenkleid aus dem Schrank.

„Die echten Spitzen hier am Ausschnitt hat mir die Frau Äbtissin geschenkt, als ich im Winter ihr krankes Bein behandelte. Sind sie nicht schön?"

Statt zu antworten, fragte die Krämerin: „Hast du noch ein Stück davon übrig? Ich könnte es gerade gebrauchen."

Dorothea verneinte und schloss die Kleider wieder weg.

Unverrichteter Sache verließen die drei Frauen bald darauf die Pfarrei.

Frau Erxleben atmete auf, als sie gingen.

* * *

Strahlender Sonnenschein weckte Dorothea am Morgen des 4. Mai. Sie rieb sich die Augen.

Heute sollte sie also zum ersten Mal ihre Vaterstadt verlassen!

Als sie sich im Bett hochsetzte, wachte auch Johannes auf. Bewegt nahm er sie in seine Arme.

„Komm mir glücklich wieder, Liebste!"

Das Frühstück verlief ungewöhnlich still. Die Kleinen sahen mit erstaunten Augen auf die Mutter und verstanden ihren Ernst nicht, während die Großen kaum wussten, was sie der Scheidenden zuliebe tun sollten.

Langsam nur tropfte das Gespräch.

Da tönte von der „Goldenen Sonne" her das Posthorn.

Dorothea erhob sich schnell und umarmte jedes Kind, auch an Hänschens Bett trat sie noch einmal und beugte sich über das schlafende Bübchen.

Johannes Erxleben hieß alle zu Hause bleiben und ging mit der Reisetasche etwas vor.

„Also recht brav sein und dem Vater Freude machen! Bald bin ich ja wieder daheim!"

Dorothea wandte sich in der Haustür noch einmal um und sah, wie Lore und Hanna weinend ihre Schürzenzipfel an die Augen führten.

Am liebsten hätte sie die beiden erst mal getröstet, aber der Pfarrer mahnte zur Eile.

Schon zum zweiten Mal blies der Postillion.

Wenige Fahrgäste saßen in der Postkutsche, als Dorothea einstieg.

„Nur gut, dass Fritz in Halle ist, sonst wäre mir doch etwas angst vor der fremden Stadt."

Sehr fest drückte der Pfarrer die Hand seiner Frau und setzte sich auf den freien Platz ihr gegenüber.

„Meine Gedanken und meine Gebete gehen mit dir, Liebste. Gott schütze dich!"

Die Kehle war Dorothea wie zugeschnürt, mühsam kam es über ihre Lippen: „Leb wohl, Johannes, bleibt gesund, du und die Kinder!"

Noch einmal zog der Pfarrer seine Frau an sich, dann stieg er aus.

Der Postillion schloss den Schlag, die Pferde zogen an, und mit Trari, Trara ging es über den Steinweg dem Öringer Tor zu.

Aus einem Fenster des Leporinschen Hauses flatterte ein weißes Tuch. War die Mutter also doch so früh aufgestanden?

Es wurde Dorothea ganz warm ums Herz.

Wie viel Liebe ließ sie hinter sich!

Und was mochte in der fremden Stadt auf sie warten!

* * *

Fritz Erxleben, Student der Theologie in Halle, hatte den Postmeister bereits mehrere Male gefragt, wann die Kutsche aus Quedlinburg da sein könnte, ohne eine befriedigende Antwort zu bekommen.

„Machen Sie sich keine Sorge, junger Mann, wir haben hier öfter Verspätung. Der Schatz wird schon bis heute Abend da sein."

Fritz Erxleben nickte lachend und nahm seine Wanderung um den Marktplatz wieder auf. Er wollte, nachdem er eine halbe Stunde rechts und dann wieder ebenso lange links herumgeschlendert war, gerade in eine Seitenstraße einbiegen, als er das Horn des Postkutschers hörte.

Schnell machte er kehrt und kam noch zur Ankunft des Wagens zurecht.

Der Postmeister stand im Torbogen und beobachtete neugierig, wen der Student wohl in Empfang nehmen würde. *Also doch etwas Weibliches,* dachte er und sah zu, wie der junge Mann einer Dame heraushalf und sie herzlich umarmte. „Nur zu alt, viel zu alt", wandte er sich an den herzutretenden Postillion, der die beiden auch mit den Blicken verfolgte.

„Was geht das uns an", meinte dieser, „das muss der Junge selber wissen."

Unterwegs erzählte Fritz, nachdem er die Grüße vom Vater und den Geschwistern entgegengenommen hatte, von seiner Behausung, die die Mutter nun einige Tage mit ihm teilen sollte.

„Damit du dich nicht wunderst, Madame Groot, meine Wirtin, ist die Tochter eines türkischen Arztes und hat eine höchst eigenartige Geschichte, die sie dir sicher noch ausführlich erzählen wird."

„Also auch eine Arzttochter wie ich, da werden wir sicher gut zueinander finden."

„Das denke ich auch, Mutter, zumal sie große Kenntnisse in der Heilkunde hat. Auch habe ich sie öfter mit gelehrten Leuten ausgezeichnet lateinisch sprechen hören. Nur ihr Aussehen wird dich in Erstaunen setzen. Du wirst wie eine Zwergin neben ihr wirken, so groß und stark ist sie. Auf den ersten Blick sieht man ihr das Fremdländische an: die Gesichtsfarbe ist braun, das dunkle Haar gelockt. Nie trägt sie es in einer richtigen Frisur, sondern lässt es, kurzgeschnitten, ungebunden hängen.

An ihrem Anzug merkst du gleich, dass es eine Türkin ist, wenn sie auch keinen Schleier trägt."

„Du machst mich ordentlich neugierig auf die Frau, Fritz. Wie hält sie es denn mit ihren Kuren?"

„Wie ich beobachtet habe, kommen sehr viele Leute zu ihr; vor allen Dingen kauft man ihre Arzneien, die sie selbst präpariert und in einem kleinen Laden, den sie den Türkenladen nennen, verkauft.

Besonders soll sie ein gutes Mittel gegen die fallende Sucht gefunden haben. Auf dich freut sie sich schon sehr, Mutter, und bewundert dich und dein Vorhaben. Hier sind wir schon."

Eine Schelle bimmelte, als Dorothea mit ihrem Stiefsohn in den kümmerlich erhellten Hausflur trat, in dem es nach Kamille, Pfefferminze und Melissengeist roch und auch nach Nelken und Zimt.

Von oben rief eine dunkle Stimme mit etwas fremdländischem Klang einen Willkommensgruß, und kräftige Schritte kamen die Treppe herunter.

Obwohl Dorothea Erxleben auf Madame Groot vorbereitet war, erschrak sie doch einigermaßen, als die riesige Frauengestalt vor ihr stand. Die dunkle Haut hob sich besonders stark von einer weißseidigen Stirnbinde ab, die mit Samt und Perlen verziert war. Die schwarzen Augen darunter konnten Furcht erregen, die sich aber sogleich verlor, wenn man die schöne Stimme und ihre sorgfältige Art zu sprechen hörte.

Sie umarmte Dorothea gleich sehr herzlich, nannte sie Frau Kollegin und führte beide in eine wohnlich eingerichtete Stube, wo ein einladend gedeckter Abendbrottisch schon auf sie wartete.

Man nahm Platz, und sogleich brachte die Türkin eine Unterhaltung in Gang; dabei ließ sie ihre Augen oft über die zierliche Gestalt Frau Erxlebens gleiten, die sich wenig am Gespräch beteiligte.

Denn allmählich verspürte sie nun doch eine große Müdigkeit nach den Anstrengungen der ungewohnten Reise.

„Ihr Buch über das Studieren des weiblichen Geschlechts habe ich gern gelesen, Madame Erxleben, und ich bin ganz Ihrer Meinung."

Dorothea nickte nur und hörte dann den Erzählungen ihrer Wirtin zu.

Sonderbar, dachte sie, *wie verschieden doch die Wege sind, die Gott die Menschen führt. Ich bin noch nie aus Quedlinburg herausgekommen, und diese Frau ist schon als Kind in der Welt herumgewirbelt worden.*

„1720", berichtete Frau Groot weiter, „bin ich der Gefangenschaft entronnen, in der mein Vater starb. Ich kam nach Frankfurt in das Haus eines Predigers und wurde Christin. Durch meinen Vater früh in den ärztlichen Wissenschaften geübt, hatte ich Glück mit meinen Kuren bei einigen hohen Herrschaften, die mich der Gnade des Preußenkönigs empfahlen. Friedrich Wilhelm schenkte mir dies Haus und gab mir die Freiheit, einen kleinen Laden für Arzneien zu errichten und zu behandeln, wen ich wollte."

„So mögen die Herren Ärzte in Halle weniger missgünstig sein als in Quedlinburg; dort würden Sie, Madame Groot, als Pfuscherin verschrien sein", warf Dorothea ein.

„Wieso?", fuhr die Angeredete hoch, „wollen Sie etwa sagen, dass ich meine Sache nicht verstünde, Madame Erxleben?"

Die schwarzen Augen funkelten wild.

„Nein, nein, ich nicht", wehrte Dorothea ab und suchte nach Worten, um das Missverständnis aufzuklären.

Da kam Fritz ihr zu Hilfe und erzählte von den Angriffen der Quedlinburger Ärzte auf seine Mutter.

„Arme Frau Kollegin!" Die großen Hände von Madame

Groot umschlossen fast zärtlich die kleinen schmalen Dorotheas.

„Aber Sie werden es diesen futterneidischen Doktoren beweisen, dass Sie ihnen ebenbürtig sind in Ihrem Wissen."

Dankbar nickte Dorothea und erhob sich.

„Sie nehmen es mir nicht übel, wenn ich jetzt schlafen möchte nach der langen Reise. Ich glaube auch, es ist schon spät."

Sehr höflich entschuldigte sich Madame Groot, dass sie nicht eher daran gedacht habe.

„Alte Leute werden eben schwatzhaft. Also auf morgen!"

Damit entzündete sie selbst eine Kerze und geleitete Mutter und Sohn nach oben.

Als Dorothea und Fritz allein waren, kam das Gespräch doch noch einmal auf die bevorstehende Promotion. Und sofort fiel alle Müdigkeit von der Ärztin ab. Sie las ihrem Jungen sogar die Doktorarbeit vor und erklärte ihm einige Punkte der Arzneigelehrtheit in lateinischer Sprache. Von ihrem Eifer angesteckt, antwortete er ihr ebenfalls lateinisch.

Draußen ging der Nachtwächter vorüber und blies die elfte Stunde. Sie löschten schnell das Licht.

Dorothea trat ans Fenster und sah zum nächtlichen Himmel auf.

„Diese Sterne scheinen nun auch über Quedlinburg, und der helle Mondschein beglänzt wohl auch unser liebes Pfarrhaus daheim!"

Eine Weile noch hing sie diesem Gedanken nach, dann zog sie den Vorhang zu und wandte sich ins Zimmer.

Fritz war inzwischen schon unter die Bettdecke geschlüpft und atmete tief in festem Schlaf.

Mitten in ihrem Nachtgebet, beim Gedenken an Johannes und die Kinder, schlief auch Dorothea ein.

* * *

Ganz gegen ihre Gewohnheit erwachte Frau Erxleben erst kurz vor acht Uhr. Sie öffnete die Augen nicht gleich, sondern lauschte auf den Schall der Glocken, vermeinend, es seien die von St. Nikolai.

Sonderbar beunruhigt sah sie auf, und ihr Blick fiel auf Fritz, der am Tisch las.

„Guten Morgen, Mutter! Du hast ja prächtig geschlafen."

„Ja, Fritz, guten Morgen! Ich schäme mich ordentlich, dass ich so viel Zeit versäumt habe. Gewiss wartest du schon lange auf mich."

„Durchaus nicht, Mutter, es ist ja heute Sonntag, und wir kommen noch gut zur Kirche zurecht. Mach dich nur langsam fertig. Ich gehe einstweilen hinunter und sehe nach dem Frühstück."

Als sich die Tür hinter Fritz schloss, sprang Dorothea rasch aus dem Bett. Wie gut tat das frische Wasser! Fritz, der liebe Junge, hatte sogar ihre Schuhe geputzt. Dass sie aber auch so verschlafen konnte!

Ihr Herz schlug unruhig. Sie nahm ein wenig Baldrian und zwang sich, nicht an die morgige Prüfung zu denken.

Jetzt würde wohl Johannes daheim den Talar anlegen und im Studierzimmer auf und ab gehend die Predigt noch einmal durchdenken.

Ob sie sich wohl heute zur Andacht würde einstimmen können?

Dunkel schwingendem Geläute folgend, dem schönsten von ganz Halle, wie Fritz sagte, war Dorothea mit ihrem Sohn in die Liebfrauenkirche getreten. Herrlich schwollen die Töne der Orgel an.

Dorothea hob den Blick und ließ die Pracht des hohen Gewölbes auf sich wirken. Fast erschien es ihr wie ein weit verästelter Eichwald.

Tiefen Frieden fühlte sie sich in ihr Herz senken.

Fritz hob ihr das Gesangbuch näher, und schon stimmte die Gemeinde das Lied an, ihr Lieblingslied. Freudig erhob auch sie die Stimme: „Geh aus, mein Herz, und suche Freud in dieser schönen Sommerzeit …"

Zum ersten Mal in einer fremden Kirche, empfand Dorothea, was sie nie zuvor so stark gefühlt hatte: die große, alle Trennungen überwindende Gemeinschaft des Glaubens!

„Ich bin gar nicht mehr fremd hier", sagte sie hinterher zu Fritz, „überall ist Heimat, wo man sich in Gott geborgen fühlt."

Der junge Student der Theologie drückte ihre Hand. „Ich bin dir dankbar, Mutter, für dieses Wort."

Dann gingen sie beide eine Weile schweigend nebeneinander her, ihre Gedanken waren wieder bei dem kommenden Tag.

„Ich wünschte nur", begann Dorothea endlich, „ich hätte erst den Besuch beim Dekan Junker hinter mir."

„Ich bringe dich gleich hin und erwarte dich nachher vor dem Haus."

Als Dorothea die Treppe zu der Junkerschen Wohnung hinaufstieg, klopfte ihr das Herz bis zum Hals, und sie wartete erst einen Augenblick vor der Tür, ehe sie läutete.

Ein etwa zehnjähriger Knabe öffnete ihr, und als sie ihren Namen nannte, sagte er: „Großvater ist drin, er wartet schon auf Sie."

Dorothea folgte dem Jungen in ein großes, gemütlich eingerichtetes Zimmer.

„Ah! Da ist ja unsere sehr verehrte Kandidatin aus Quedlinburg! Nehmen Sie Platz, Madame Erxleben!"

Ein weißhaariger, aber noch sehr stattlicher Herr kam ihr entgegen, drückte ihr die Hand und führte sie zu einem Sessel.

Als Dorotheas Augen dem klaren Blick dieses Mannes begegneten, kam eine wundervolle Ruhe über sie. Vollkommen sicher beantwortete sie seine Fragen, die sich auf Einzelheiten ihres eingesandten Lebenslaufes bezogen.

„Ich kann es nur zu gut verstehen, dass Sie sich der Prüfung einer medizinischen Fakultät unterziehen wollen, um öffentlich zu beweisen, wie sehr Sie durch Wissen und Geschicklichkeit zur Ausübung der Heilkunst berechtigt sind. Und ich freue mich ganz besonders, dass gerade ich diese Prüfung vornehmen darf, die in der Geschichte der Universität einzig dasteht. Sie haben doch keine Angst, Frau Erxleben?"

Dorothea schüttelte den Kopf.

„Angst? Nein! Aber doch Besorgnis, ob ich im gegebenen Augenblick auch gleich die rechten Worte finden werde."

„Das werden Sie schon. Machen Sie nur heute ja kein Buch mehr auf."

Dorothea nickte und erzählte ihm auf seine Frage, dass sie ihren hiesigen Aufenthalt bei der Wirtin ihres Stiefsohnes genommen habe.

„Das trifft sich ja ausgezeichnet", meinte der Dekan, „so lassen Sie sich von dem Herrn Studius mal ins Freie führen, an die Saale."

Nachdem das Gespräch noch die Ereignisse, die Christian

Leporins Promotion vorangegangen waren, gestreift hatte, verabschiedete sich Dorothea. Väterlich geleitete Professor Junker sie zur Tür.

„Also bis morgen!"

Unten sah ihr Fritz erwartungsvoll entgegen.

„Nun, Mutter?"

„Er war die Güte selbst. Ich freue mich, von ihm geprüft zu werden."

* * *

Als Pfarrer Erxleben in der Frühe des 6. Mai erwachte, war sein erster Gedanke: Dorothea. Er hatte das gläubige Gefühl, als könne er mit der Kraft seines Herzens die geliebte Frau aus der Ferne umhegen und stärken.

Es war ihm und den Kindern selbstverständlich, dass sie beim Morgengebet den Segen des Himmels auf sie herabflehten.

„Vater", sagte Lore hinterher, „es ist mir gerade, als müssten wir heute ganz leise und behutsam sein, um Mutter nicht zu stören."

Zärtlich strich der Pfarrer der Achtzehnjährigen über den Scheitel.

Sophie, die jetzt die Mutter vertrat, küsste dem Vater verstohlen die Hand und sorgte dann schnell dafür, dass die beiden Schulbuben, Christian und Albert, mit ihren Ranzen verschwanden. Zuspätkommen gab's bei der Mutter nicht, also durfte es auch jetzt nicht vorkommen.

* * *

Die Äbtissin Maria Elisabeth hatte sich heute ihre Schokolade ans Bett bestellt.

Das kranke Bein quälte sie wieder grässlich und ließ sie auch nachts keine Ruhe finden. Deshalb war sie keineswegs rosiger Laune. Und Fräulein von Oppen, die heute Frühdienst hatte, ging recht zaghaft mit der Zofe zu der gestrengen Gebieterin hinein.

„Schon wieder das blaue Service! Ich möchte doch das Meißner, das grüne."

Bestürzt wollte die Zofe sofort kehrtmachen, doch da lenkte Maria Elisabeth, die sich gleich wieder in der Gewalt hatte, ein.

„Lass nur, wenn die Schokolade gut ist, wird sie auch aus einer blauen Tasse schmecken. Aber morgen wünsche ich das andere Service."

Das junge Mädchen knickste, und ehrerbietig bot Fräulein von Oppen ihrer Herrin den Morgentrank an.

Als die Äbtissin sich aufrichtete, stöhnte sie vor Schmerzen, fasste sich aber schnell.

„Den wievielten haben wir heute?"

„Den 6. Mai, Hoheit."

„Danke!"

Und nach einer Pause rief sie plötzlich ganz lebhaft aus: „Fräulein von Oppen, heute steht ja Dorothea Erxleben in Halle vor der medizinischen Fakultät! Dass ich das beinahe vergessen hätte!"

Sie schloss die Augen und glaubte, die zierliche, schmale Leporinstochter vor einem Kreis ernster Männer Rede und Antwort stehen zu sehen.

Unwillkürlich schlangen sich ihre Finger fest ineinander.

* * *

Um dieselbe Zeit hatten sich in Halle in einem Saal der Friedrichs-Universität die Mitglieder der medizinischen Fakultät, viele Studenten und Hörer eingefunden und besprachen mehr oder weniger erregt das bevorstehende Ereignis der Promotion einer Frau, wobei die Meinungen im Für und Wider heftig aufeinanderprallten.

Der Eintritt des Dekans Dr. Junker mit der Kandidatin machte den Auseinandersetzungen schnell ein Ende. Alle erhoben sich, und es war nicht nur Neugierde, wenn die Blicke lange auf der schlanken Frauengestalt ruhten.

Eine leichte Röte stieg Dorothea in die Wangen. Die Gegenwart so vieler Männer schien sie einen Augenblick zu beunruhigen.

Aber sie fasste sich schnell und machte mit ihren lateinischen Begrüßungsworten einen vorzüglichen Eindruck.

Es lag etwas Rührendes über ihrer zarten Erscheinung. Fein und schlank hob sich der Hals aus dem gelblichen Spitzenkragen. Weich floss die schwarze Seide des Kleides und ließ sie würdevoll erscheinen.

Vor allem aber fesselten die Augen unter der hohen klaren Stirn, sie strahlten Willen und scharfes Denken aus. Mit der kleinen festen Hand strich sich Dorothea einige ins Gesicht fallende Locken weg und hörte dann sehr gesammelt zu.

Zu Beginn rief Professor Junker zu einer philosophischen Erörterung auf und wählte einige Studenten aus, die mit der Doktorandin Frage und Antwort austauschten.

Auch Fritz Erxleben war unter ihnen. Stolz und ermutigend strahlte er seine Stiefmutter an, deren Erwiderungen auf die verschiedensten Fragen klar und deutlich in schönstem Latein kamen.

„Man meint, eine alte Römerin zu hören", flüsterte der Dekan Junker seinem Nachbarn zu und gab das Zeichen zur Beendigung des Streitgesprächs. Er stellte nun selbst einige Fragen.

„Welche Hilfsmittel fordert der große Hippokrates, der Vater der Heilkunde, in seinem Buch von den Gesetzen für den, der die Arzneigelehrtheit gründlich und geschickt lernen will?"

Nach kurzem Nachdenken kam die Antwort:

„Er muss dazu geboren sein, Belehrung, einen zum Lernen geschickten Ort, Unterweisung von Jugend an, Fleiß und Zeit haben. Und wo Liebe zum Menschen ist, da ist auch Liebe zur ärztlichen Kunst!"

Beifallsgemurmel ging durch die Reihen.

Auch alle Fragen über den Körperbau des Menschen beantwortete Dorothea ohne Zögern und fehlerfrei, dabei in einer so bescheidenen Art, dass die Professoren ihre helle Freude hatten.

Selbst die Gegner der Frauengelehrtheit konnten ihre Zustimmung kaum zurückhalten.

Nach einer kleinen Pause nahm die Prüfung ihren Fortgang.

„Welches sind besondere Größen der Heilkunst, die hier in Halle gelehrt haben?"

„Die Professoren Stahl und Hoffmann, in deren Werken ich auch studiert habe."

„Dann können Sie mir gewiss sagen, welchen Grundgedanken Stahl in der Medizin verfolgt?"

„Stahl", Dorothea überlegte eine Weile, ehe sie fortfuhr, „Stahl fand den geistigen Grund allen Lebens in der Seele. Sie benutzt nach seiner Auffassung den Körper nur als Werkzeug und wirkt durch ihre Kraft Empfindung und Ernährung."

Durch einige Zwischenfragen konnten auch andere Mitglieder der medizinischen Fakultät sich davon überzeugen, dass Dorothea Erxleben die Stahlsche Lehre vollständig beherrschte.

„Welches ist nun bei Hoffmann der grundlegende Gedanke?"

Auch hier fühlte sich Dorothea ganz sicher.

„Hoffmann versucht, in der Medizin alles physisch und mechanisch zu erklären. Er geht den entgegengesetzten Weg wie Stahl."

Im Widerstreit der Meinungen konnte Dorothea ihre Aussagen mit wörtlicher Angabe wichtiger Stellen aus den Schriften der beiden Gelehrten belegen und erregte dadurch Aufsehen.

„Welche medizinischen Werke haben nun auf Sie den größten Einfluss gehabt?", fragte Professor Junker weiter.

Die Doktorandin zögerte einen Augenblick.

„Neben den Ihrigen, verehrter Herr Dekan", sie richtete ihren offenen Blick auf den Prüfenden, „habe ich die von Boerhaave mit dem größten Erfolg benutzt, weil er ganz auf die Naturwissenschaften zurückgeht und ihre Ergebnisse anwendet."

„Woher kommen nach Boerhaave die meisten Krankheiten?"

„Boerhaave fand den Grund im allgemeinen Organbestandteil, der so genannten ‚Faser', die durch Spannung und Erschlaffung Krankheitszustände herbeiführt."

Zustimmend nickten die Professoren.

Die zweite Stunde neigte sich bereits ihrem Ende zu, als man Dorothea Erxleben einige Zettel reichte, auf die sie Rezepte schreiben sollte.

Sie tat das in gewohnter Weise mit klarer, deutlicher Schrift.

Man nannte ihr einige Leiden, und die Angabe der Medikamente und ihre Dosierung zeugten von einer durch die Praxis erworbenen Erfahrung und ernteten das Lob der Fakultät.

Zu kurzer Beratung zogen sich die Professoren dann zurück, und auch die Studenten verließen den Raum. Nur Fritz Erxleben trat zu seiner Mutter und drückte ihr fest die Hand.

„Ich bin stolz auf dich! Eine solche Doktorenprüfung hat Halle noch nicht erlebt!"

Nach einiger Zeit versammelte sich die Professorenschaft wieder, und auch die Studenten nahmen ihre Plätze ein.

Jedes, auch das leiseste Geräusch verstummte, als der Dekan zu sprechen anhub und zunächst die Leistungen der Kandidatin gebührend lobte.

Am Schluss seiner Ausführungen wandte er sich besonders an Dorothea:

„Bei dieser Sachlage kann die medizinische Fakultät, ohne für sich den geringsten Tadel zu befürchten, unsere Frau Erxleben zu den Würden der Heilkunst zulassen und mit dem Doktorhut beehren.

Dessen ungeachtet fand es unsere Fakultät für gut, vorher einen untertänigsten Bericht an Seine Königliche Majestät dahin abzustatten, dass Sie in dem Examen vortrefflich bestanden, sich männlich erwiesen und alles, was man von Ihnen verlangen könne, geleistet, und dabei Seine Königliche Majestät in tiefster Devotion zu ersuchen, die höchste Einwilligung zu dem Doktorat gnädigst zu erteilen.

Dass diese höchste Zustimmung eintrifft, dessen sind wir alle sicher und beglückwünschen die vortreffliche Doktorandin Dorothea Christiane Erxleben schon heute auf das Beste. Sobald der Bescheid Seiner Majestät da ist, wird die Fakultät die förmliche Verleihung der Doktorwürde in aller Feierlichkeit vornehmen."

Lautes Klatschen und Beifalltrampeln, das gar nicht enden wollte, schloss sich an diese Rede, die Dorothea regungslos und mit gefalteten Händen angehört hatte.

Der freudige Tumult verwirrte sie, und nur mit Mühe konnte sie nach der ungeheuren Anspannung die Tränen zurückhalten.

Doch schnell gewann sie ihre Fassung wieder, als nacheinander der Dekan und die übrigen Professoren glückwünschend an sie herantraten und ihr die Hand schüttelten.

„Ich glaube, nun müssen wir unserer verehrten Doktorandin aber endlich Ruhe gönnen", erklärte Dr. Junker und geleitete die dankbar zu ihm aufsehende Dorothea aus dem Saal.

Draußen nahm Fritz sie mit seinen Kameraden in Empfang und führte sie im Triumph nach Hause.

Madame Groot wartete schon in höchster Spannung auf die Rückkehr der Ärztin. Und kaum war diese ins Haus getreten, hatte sie Frage über Frage zu stellen.

„Ich glaube, ich habe heute schon genug geantwortet", sagte Dorothea freundlich, „Fritz wird Ihnen alles erzählen."

Damit verschwand sie in ihrem Schlafzimmer.

Aufatmend ließ sie sich auf ihr Bett fallen.

„Ich danke dir, mein Gott!"

Gern hätte die Türkin den berühmten Gast noch länger bei sich beherbergt.

„Sie können doch hier bei mir warten, bis der Bescheid des Königs eintrifft. Es wird nicht allzu lange dauern."

Dorothea schüttelte den Kopf.

„Seine Majestät hat sicher mehr zu tun, als sich um mich zu kümmern, wo überall schon vom Krieg die Rede ist. Es könnte vielleicht ein Jahr dauern.

Haben Sie vielen Dank, Madame Groot, für Ihre Gastfreundschaft, und dass Sie den Fritz so gut versorgen! Aber ich möchte übermorgen heim zu meiner Familie, sie brauchen mich."

Noch ehe Dorothea in Quedlinburg ankam, war schon die Nachricht von ihrem Erfolg eingetroffen.

Ein Freund Dr. Graßhoffs in Halle hatte einem Kurier die Botschaft mitgegeben, und nun saßen die beiden Kollegen, Graßhoff und Herweg, mit langen Gesichtern über dem Brief und ersäuften ihren Ärger in Dünnbier, zum großen Kummer des Wirts aus der „Goldenen Sonne", der, bei dem ungewohnten morgendlichen Besuch seiner Stammgäste ein besonderes Ereignis vermutend, auf eine beträchtliche Weinzeche gerechnet hatte.

* * *

Auf der Rückfahrt nach Quedlinburg hatte Dorothea Erxleben Muße, die Erlebnisse der hinter ihr liegenden Tage zu überdenken, und sie nahm sich vor, außer im engsten Familienkreis nicht viel über die bestandene Prüfung verlauten zu lassen.

Hatte der König erst seine Zustimmung gegeben, dann blieb immer noch Zeit, davon zu sprechen.

Es war ihr lieb, dass es schon dunkelte, als die Kutsche über das holprige Pflaster des Steinwegs rollte und vor der „Goldenen Sonne" hielt.

Johannes Erxleben, der in den letzten Tagen jede Post hier abgewartet hatte, war überglücklich, die geliebte Frau in Empfang nehmen zu können.

„Alles gut! Alles gut!", flüsterte sie ihm zu und schmiegte sich in seinen Arm.

Eng umschlungen wie in den ersten Zeiten ihrer Liebe schritten die beiden auf das Pfarrhaus zu. Und noch lange nach Mitternacht saßen sie zusammen, bis der Pfarrer alles, was in Halle geschehen war, haargenau wusste.

Das Leben in der Familie nahm bald wieder seinen gewohnten Gang auf.

Wie früher war Dorothea als Erste morgens heraus und als Letzte abends im Bett.

Auch den Kindern hatte sie in ihrer schlichten Art von Halle erzählt, wobei Lore und Hanna besonders viel von Madame Groot hören wollten.

„Und gelbe Saffianstiefel trägt sie, Mutter? Die möchte ich wirklich mal sehen."

„Ich glaube, ich würde mich fürchten", meinte Albert, als er von der mächtigen Gestalt und der tiefen Stimme der Türkin hörte.

Christian lachte ihn aus.

„Unser großer Bruder ist doch dort, da brauchst du keine Angst zu haben."

Strahlend vor Glück war auch Frau Leporin, als sie Dorothea zum ersten Mal nach deren Heimkehr wieder in die Arme schloss. Die Tränen standen ihr in den Augen.

„Dass dein seliger Vater das nicht erleben durfte!", schluchzte sie auf.

„Er weiß es, Mutter, er hat mich gesegnet."

Als die Äbtissin erfuhr, dass Dorothea aus Halle zurück sei, sandte sie ihr eines Tages den Wagen und ließ sie bitten, gleich zu kommen.

Aufrecht, wenn auch am Stock gehend, trat Maria Elisabeth Dorothea Erxleben entgegen und zog sie bewegt an sich.

„Nun ist also der Tag doch noch gekommen, von dem ich so oft geträumt und den sich unser seliger Magister Eckhard so gern ausmalte.

Ich wünsche dir von ganzem Herzen Glück, meine liebe Doktorin!"

Dorothea verneigte sich tief und nahm dann neben der Herzogin Platz.

„Erzähl, mein Kind!"

Aufmerksam hörte Maria Elisabeth zu, und als der Bericht zu Ende war, sagte sie: „Und nun möchte ich noch deine Doktorarbeit sehen, von der man so viel Gutes spricht."

„Sie ist in lateinischer Sprache geschrieben, Hoheit", bedauerte Dorothea.

Die Äbtissin stieß mit dem Krückstock auf.

„So muss sie eben in unsere Muttersprache übersetzt werden. So etwas sollte doch nicht nur Gelehrte interessieren; jeder, auch jede Frau müsste sie lesen können. Siehst du das ein?"

Dorothea nickte ein wenig verlegen.

„Es ist im Allgemeinen nicht üblich, dass eine Doktorarbeit außerhalb der Universität noch gelesen wird. Aber wenn Sie es wünschen, Frau Herzogin, so übertrage ich die Arbeit ins Deutsche und darf sie Ihnen als meiner freundlichen Gönnerin widmen. Nur muss ich erst noch meine Rede ausarbeiten, die ich in Halle bei der förmlichen Verleihung des Doktortitels halten werde."

„Schiebe die Übersetzung nicht zu lange auf, Dorothea, mir ist, als hätte ich nicht mehr allzu lange Zeit auf dieser Welt." Sie hielt der Ärztin den Arm hin. „Was meinst du?"

Dorothea fühlte den Puls und behorchte das Herz der Äbtissin. Diese meinte: „Du brauchst mir nicht viel vorzumachen, ich kann die Wahrheit vertragen."

„Ich schicke gleich morgen etwas zur Herzstärkung, Hoheit, es ist kein Grund zur Besorgnis."

Dorothea Erxleben sagte es ganz sachlich und beobachtete dabei, wie ihre Worte die Leidende zu beruhigen schienen. *Ich muss mich doch mit der Übersetzung beeilen,* dachte sie und lenkte die Herzogin durch eine humorvolle Schilderung des Türkenladens in Halle ab.

* * *

Es waren noch keine vierzehn Tage nach der Prüfung vergangen, da traf ein vom König eigenhändig unterzeichneter Erlass, die Promotion der Ärztin Dorothea Christiane Erxleben betreffend, in Halle ein.

Der Dekan der medizinischen Fakultät teilte daraufhin der Doktorandin mit, dass der König von Preußen es für gut und angenehm halten würde, wenn die Fakultät der vortrefflichen Frau die verdiente Ehre zugeständde.

Gleichzeitig lud Professor Junker Dorothea Erxleben ein, am 12. Juni nach Halle zu kommen, um den feierlichen Eid zu leisten und das Doktordiplom zu empfangen.

Sinnend hielt Dorothea das Schreiben in der Hand und wandte sich an ihren Mann, dem sie es vorgelesen hatte.

„Wunderbar, zu denken, dass der König sich so schnell meiner Sache angenommen hat. Weißt du, Johannes, eigentlich kann es für mich jetzt gar nichts Schöneres mehr geben als diese Zustimmung meines Königs."

„Aber denke doch, was dir noch an Ehre bevorsteht, wenn du in Halle deine öffentliche Doktorfeier erlebst."

„Das ist es ja gerade, wovor ich mich fürchte", unterbrach Dorothea ihren Mann, „ich habe richtig Angst. Vor der Prüfung hatte ich keine. Ach, wenn du doch mit könntest, Johannes!"

„Dabei sein möchte ich wohl schon sehr gern", kam es

zögernd von den Lippen des Pfarrers, „aber es wird nicht gehen."

Er entnahm seinem Schreibpult ein Beutelchen mit Talern. Sie zählten beide seinen Inhalt. Schließlich holte Dorothea noch ihre kleinen Ersparnisse dazu, aber es wollte nicht reichen.

„Was meinst du, Johannes, wenn wir Magdalenes Hochzeit noch ein halbes Jahr verschieben? Ich werde ja nun auch mehr Einnahmen haben als vor dem Examen."

Der Pfarrer schüttelte den Kopf.

„Nein, nein, es geht nicht. Aber Fritz wird ja dort sein, und ihr beide müsst mir alles ganz genau erzählen. Dann ist's, als wäre ich mit gewesen."

Ein leichtes Lächeln glitt über sein gütiges Gesicht, als er so sprach.

Aber Dorothea fühlte, wie schwer ihm dieser Verzicht war, und versuchte, ihm zu helfen.

„Etwas aber sollst du vor allen dort in Halle voraus haben ..."

„Habe ich das nicht sowieso?", unterbrach er sie scherzend.

„Du sollst als erster meine Doktorrede hören. Mach es dir bequem, denn sie ist nicht kurz."

Johannes Erxleben lehnte sich in die Sofaecke zurück und sah Dorothea an, die, mit dem Rücken zum Fenster stehend, langsam ihren lateinischen Vortrag begann.

Mehrmals nickte er zustimmend, und als sie geendet hatte, klatschte er in die Hände.

Erfreut strahlte Dorothea ihn an und machte eine tiefe Verbeugung nach der anderen zum Sofa hin.

„Ich muss doch üben", lachte sie und lief schnell zu ihrem Mann. Herzlich umarmte sie ihn.

„Gehört das auch mit zur Übung?", fragte er scherzend und zog sie fest in seine Arme.

Mit anderen Gefühlen als das erste Mal sah Dorothea von der Postkutsche aus die Türme von Halle auftauchen. An diesem Abend des 11. Juni traf der Wagen pünktlich ein, und wieder stand Fritz am Schlag, um der Mutter herauszuhelfen.

Der Postmeister hatte inzwischen erfahren, wer die Reisende war, und brachte mit unterwürfigen Kratzfüßen seine Glückwünsche an.

Madame Groot hatte die Stuben mit Blumen geschmückt und war überglücklich, den berühmten Gast wieder bei sich zu haben. Sie wusste nicht, was sie Dorothea zuliebe alles tun sollte, und wich ihr kaum von der Seite.

Endlich gelang es Fritz, während die Wirtin in der Küche war, mit der Mutter allein zu sprechen.

„Die Doktorfeier wird diesmal nicht wie sonst üblich in einem großen Raum der Universität stattfinden", berichtete er, „man fürchtet, dass eine so seltene Handlung wie die Promotion einer Frau durch zu großen Andrang gestört werden könnte. Darum hat sich Dekan Junker entschlossen, die Überreichung des Doktordiploms in seinem eigenen Haus vorzunehmen, und zwar vor einem großen Kreis geladener Gäste: Professoren aller Fakultäten, Studenten, Personen beiderlei Geschlechts. Was sagst du dazu, Mutter?"

„Das ist mir sogar sehr recht, dass die Sache nicht so in aller Öffentlichkeit vor sich geht. Die Neugierde der Menschen ist mir so schrecklich."

Am Morgen des 12. Juni begleitete Fritz Erxleben seine Mutter in das Haus des Dekans. Schon auf der Treppe klang lautes Stimmengewirr an ihr Ohr.

„Ich wollte, es wäre erst alles vorbei", flüsterte sie dem Stiefsohn zu. Dann gab sie sich innerlich einen Ruck und trat mit erhobenem Kopf über die Schwelle des Saales. Dekan Junker empfing sie sogleich und führte sie zu ihrem Platz. Beim Durchschreiten des festlich geschmückten Raumes wurden ihr ehrerbietige Grüße zuteil.

Alle Augen richteten sich auf die zierliche Frau im schwarzen Seidenkleid, die bescheiden dasaß und den Blick gesenkt hielt, bis der Dekan, die feierliche Handlung eröffnend, sie anredete.

Von weither schienen ihr zuerst die Worte zu kommen, aber bald hatte sie sich ganz in der Gewalt.

„Unter kaiserlicher und königlicher höchster Autorität", Dorothea Erxleben erhob sich, und Professor Junker fuhr fort, „erkläre ich die vortreffliche Kandidatin Dorothea Christiana Erxleben, geborene Leporin aus Quedlinburg, zum Doktor der Arzneigelehrtheit und gestehe ihr die Freiheit zu, die Heilkunst auszuüben."

Beifallsrufe wurden laut.

Die Professoren folgten dem Beispiel des Dekans und drückten Dorothea die Hand, die mit glühenden Wangen die vielfältigen Glückwünsche entgegennahm.

Der Jubel wollte kein Ende nehmen, bis schließlich Dr. Junker die Ruhe wieder herstellte, damit die neubestätigte Doktorin das Wort ergreifen konnte.

Mit fester Stimme, die nur zu Anfang ein bisschen zitterte, begann die Erxlebin in gepflegtestem Latein:

„Meine hochverehrten Herren!

Sind auch meine Kräfte nur gering, mangelt es mir auch an der Kunst der wohlgesetzten Rede, zumal aus einem so ungewohnten Anlass, wie ich ihn nie erwarten durfte, so möchte ich trotz all dieser Schwierigkeiten doch um Redeerlaubnis bitten.

Ich will den Empfindungen eines dankbaren Geistes, der sich über empfangene Wohltaten herzlich freut, Ausdruck verleihen; freilich wird diese Freude durch das Bewusstsein der eigenen Mängel gedämpft.

Heute, da ich mich zwischen verschiedene und geradezu gegensätzliche Gefühle gestellt sehe, weiß ich kaum, was ich tun, was ich lassen, wohin ich mich wenden soll.

So empfinde ich meine Schwäche, nicht nur die, von der sich kein Mensch frei glauben darf, sondern auch jene, die alle dem schwächeren Geschlecht nachzusagen pflegen.

Zugleich aber bewundere ich in demütiger Ehrfurcht die weise Führung des Allmächtigen. Er hat von der Wiege an all mein Geschick so gelenkt, dass ich dahin gelangen konnte, wohin zu kommen vor mir kaum einer Frau geglückt ist, und woran ich selbst früher nicht habe denken können. Dieser Vorsehung gehorsam, nahm ich es mir stets zum Vorsatz, nichts ohne Überlegung und nichts mit Überheblichkeit zu tun; doch auch Ängstlichkeit schien mir unpassend.

So habe ich denn auf die göttliche Vorsehung vertraut, und ich konnte deren Walten deutlich spüren, als sie mir Gönner verschaffte, die ich allein nie hätte gewinnen können und die ich als so treu erprobte, dass keine Zeit deren Güte aus meinem Gedächtnis tilgen könnte. Nur mit diesem Vertrauen durfte ich es wagen, das in Angriff zu nehmen, was wir jetzt vollendet sehen.

Da es mir nun gelungen ist, den medizinischen Doktorgrad erlangt zu haben, lege ich alles, so bescheiden es auch sei, wodurch ich anderen einmal werde helfen können, demütig vor Gottes Thron und Angesicht nieder; ihm selbst weihe ich alles, ihm allein vertraue ich alles an.

In Ergebenheit erweise ich sodann der Kaiserlichen Majestät meine Verehrung, besonders aber dem König von Preußen, und ich flehe mit heißen Gebeten zu Gott, dass er seiner Gnaden beistehen möge.

Ebenso empfehle ich die Friedrichs-Universität, Seine Magnifizenz, den Herrn Professor, und den gesamten würdigen akademischen Senat mit herzlichen Gebeten dem Schutz des Höchsten, der alles lenkt. Insbesondere wende ich mich mit größter Ehrerbietung an die als ruhmvoll bekannte und beliebte Medizinische Fakultät und sage ihr meinen gebührenden Dank für ihre Bereitwilligkeit, mich und meine dürftigen Bemühungen als recht und gut einzuschätzen.

Sie, hochverehrter Herr Dekan, Sie alle, meine hochgeachteten Herren Professoren, Leuchten der ärztlichen Kunst, Zierden des Menschengeschlechts, meine gefälligen Gönner, Sie alle erwähne ich mit höchstem Lob.

Gott möge Sie erhalten, Ihnen beistehen, Sie segnen mit weltlichen und himmlischen Wohltaten in reicher Fülle.

Dies wünscht Ihnen Ihr ergebener Schützling.

Allen übrigen bekunde ich meine tiefe Verbundenheit für die mir erwiesene Gunst."

Atemlose Stille lag während der Rede über der Versammlung. Die Kenner waren hingerissen von dem Reichtum, der dieser schlichten Frau innerhalb des klassischen Lateins zur Verfügung stand.

Andere wieder, die der alten Sprache nicht so mächtig waren, um jedes Wort zu verstehen, fühlten sich ergriffen von der Persönlichkeit dieser bescheidenen Frau. Auch als sie geendet hatte, verharrten alle noch eine Weile schweigend und warteten auf das Schlusswort des Dekans.

„Ich bitte Sie, meine verehrten Hörer, diesem neuen Doktor in der Arzneigelehrtheit gewogen zu bleiben. Erflehen Sie mit mir zugleich von dem höchsten Ursprung und Geber alles Guten, dass die Bestrebungen dieser Frau und ihr Fleiß zur

Ehre des Höchsten, dem Besten der Kranken, insbesondere des weiblichen Geschlechts, auch zur Ehre und Zierde der medizinischen Fakultät gereichen mögen!"

* * *

Vor dem Gasthof zur „Goldenen Sonne" hatte sich ein großer Menschenauflauf gebildet. Alles wartete auf die Ankunft der Postkutsche aus Halle, mit der Dorothea Erxleben zurückkommen sollte.

Zur Freude des Wirts hatten einige bereits in der Gaststube und im Torbogen Platz genommen und verkürzten sich die Zeit bei einem Glas Bier.

Die Kollegen aber, die eigentlich den Anstoß zu dieser Promotion gegeben hatten, hielten heute ihren Dämmerschoppen nicht wie gewöhnlich in der „Sonne", sondern waren ans andere Ende der Stadt gegangen und spülten ihren Ärger in der Domschenke hinunter.

Dicht in einen Kreis schwatzender Menschen eingeschlossen, stand Pfarrer Erxleben mit seinen Kindern.

Die beiden Jungen, Christian und Albert, bahnten sich immer wieder eine Gasse durch die Menge und liefen ein Stückchen den Steinweg hinauf, um die Ersten zu sein, die die Ankunft melden konnten. Sophie hatte den kleinen Hans auf dem Arm, und der Vater nahm die vierjährige Anne-Dorothea hoch, damit sie besser sehen konnte.

Lore stützte Großmutter Leporin, die trotz ihres schmerzenden Beins bei dem Empfang der gefeierten Tochter dabei sein wollte.

„Sie kommt! Sie kommt!", schrie Christian plötzlich von weit her und rannte mit dem Bruder winkend der Kutsche entgegen.

Der Postillion fuhr, als er die vielen Leute vor der „Sonne" sah, ganz langsam und blies einen fröhlichen Ländler.

Diese Gelegenheit benutzten die beiden Buben und kletterten rechts und links aufs Trittbrett.

„Mutter! Mutter!", jubelten sie und klopften an die Scheiben.

Als die Post vor dem Gasthof hielt, traten alle etwas zurück, damit der Pfarrer seiner Frau aus dem Wagen helfen konnte.

Hanna nahm indessen Hänschen auf den Arm, der sogleich der Mutter entgegenzappelte.

Vergnügt lachend trat Dorothea am Arm ihres Gatten auf die Straße hinaus, nickte nach allen Seiten und nahm Hanna das Bübchen ab.

„Anne-Dörte auch", bettelte es neben ihr. Da beugte sie sich hinunter und hob das Töchterchen mit dem anderen Arm hoch. Aber die Last war zu schwer, und schnell griffen Lore und Sophie zu und setzten die beiden Jüngsten auf die Erde. Dann umarmten sie die Mutter, die sie herzlich küsste.

Nun hatte Dorothea die Hände wieder frei und streckte sie sogleich Frau Leporin entgegen, die sie gar nicht wieder loslassen wollte, während ihr unaufhörlich die Tränen über das faltige Gesicht liefen.

„Aber, Mutter, freu dich doch!"

„Ihr Schlingel!", rief Frau Erxleben dann Christian und Albert zu, „wenn ihr vom Trittbrett gefallen wärt! Ihr habt mich ordentlich erschreckt."

Plötzlich wich die Menge ehrfürchtig zur Seite und bildete eine Gasse zu der Doktorin hin; am anderen Ende dieses Ganges tauchte die große Gestalt des Stiftshauptmanns von Schellersheim auf. Sehr stattlich anzusehen in einem lichtgrauen Mantel mit vielen übereinanderfallenden Kragen, schritt er würdevoll auf Dorothea Erxleben zu, grüßte sie mit einer tiefen Verbeugung und zog ihre Hand an die Lippen. Errötend nahm Dorothea seinen Glückwunsch entgegen.

Hinter dem Abgesandten der Frau Äbtissin, der sich auch dem Pfarrer zuwandte, folgte der Bürgermeister mit einigen Herren des Rates in dunkler Amtskleidung.

Auch sie verneigten sich tief und beglückwünschten die berühmte Tochter Quedlinburgs im Namen der Stadt.

Die Doktorin Erxleben dankte den hohen Herren sehr herzlich und mit einem Freimut, den ihr keiner vorher zugetraut hätte.

„Es wird nach wie vor mein einziges Bestreben sein, den Leidenden zu helfen. Eigenen Ruhm suche ich nicht, aber ich danke allen, die mir so viel, ja zu viel Ehre erwiesen haben."

Dann winkte sie Abschied nehmend mit der Hand und schritt nun selbst durch den Gang zwischen den Menschen zum Pfarrhaus hinüber.

Stine wartete schon mit der Kaffeekanne.

„Guten Tag, Frau Doktorin!" Sie knickste tief und lachte dabei.

Aus der Küche drang Fett- und Kuchenduft. Dort hantierte Maria Elisabeth Kramer und bereitete Schmalzkringel, Dorotheas Lieblingsgebäck.

Die beiden Schwestern begrüßten sich herzlich.

„Aber Schmalzgebackenes kann ich doch besser machen als du, wenn ich auch keine promovierte Ärztin bin", meinte die Ältere vergnügt.

Bei der Kaffeetafel, auf der Sophies Napfkuchen prangte, erzählte Dorothea ausführlich von der Feier im Haus des Dekans.

„Wie schön muss das gewesen sein!" In warmer Mitfreude

strahlte Johannes Erxleben seine Frau an, die ihm heute fast ein wenig fremd erschien.

Und als hätte Maria Elisabeth Kramer seine Gedanken erraten, meinte sie: „Hoffentlich fühlst du dich nun hier wieder wohl, wo du doch so berühmt geworden bist."

„Ich werde nur noch mehr zu tun haben als bisher. Aber in mir hat sich doch nichts geändert. Ich bin die Eure, wie ich es immer war. Und das ist mein Glück! Dass mich in Zukunft keiner mehr eine Pfuscherin schelten darf, nun, darüber werdet ihr alle ebenso froh sein wie ich."

Albert war inzwischen ganz nahe an die Mutter herangerückt, anscheinend hatte er etwas auf dem Herzen.

„Nun, Albert, was möchtest du denn?"

„Mutter, wo hast du ihn eigentlich? ... ich möchte ihn gern mal sehen, den Doktorhut!"

Schallend lachten die großen Geschwister und brachten damit den kleinen Kerl fast zum Weinen.

Dann aber verteidigte er seine Frage.

„Der Dr. Graßhoff hat neulich zu mir gesagt, als ich ihn auf der Straße traf, pass mal auf, deine Mutter kommt nicht in der Weiberhaube aus Halle zurück, sondern im Doktorhut. Er hat das so komisch gesagt, dass ich nicht wusste, ob er Spaß machte. Und da habe ich gleich geguckt, als du ausstiegst ..." Nun brüllte er aber doch los, weil die anderen wieder über ihn lachten, und Dorothea hatte Mühe, ihn zu beruhigen. Der Vater nahm ihn schließlich auf den Schoß.

„Sieh mal, Albert, früher bekam man nach der Prüfung eine besondere Kopfbedeckung, den Doktorhut, damit gleich alle Leute auf der Straße sahen: ah, der hat seinen Doktor gemacht! Heute bekommt man keinen Hut mehr, sondern nur ein Schriftstück, auf dem steht, dass man das Examen bestanden hat."

„Hat Mutter auch so eins?"

„Natürlich", antwortete Dorothea, „ich werde es nachher zeigen und euch übersetzen, was drauf steht, denn es ist lateinisch geschrieben."

Zärtlich strich sie dem Jungen über das verweinte Gesicht und holte eine Tüte mit Süßigkeiten aus ihrem Beutel. „Die sollst du nun schön mit den Geschwistern teilen, hörst du?" Schnell getröstet sprang Albert davon und die Kinder hinterher, nur Sophie und Lore blieben bei den Eltern und rückten nun mit Großmutter und Tante Kramer dichter zusammen.

Da ging die Hausschelle, und Stine meldete, dass eine Frau mit einem kleinen Buben draußen sei und dringend ihre Hilfe brauche.

„Muss das denn gleich heute sein?", meinte Johannes Erxleben enttäuscht. Aber Dorothea ging sofort hinaus und hörte, um *was* es sich handelte.

Eine ärmlich gekleidete, verhärmte Frau stand vor ihr.

„Der Lehrer hat meinen Paul mit der Ecke der Fibel auf die Hand geschlagen, dass es blutete. Das war kaum zugeheilt, da schlug er ihm die Wunde wieder auf, und nun heilt sie nicht mehr zu. Er hat jetzt eine Fistel dran."

Die Ärztin sah zu dem verängstigten, schmächtigen Kerlchen hinunter und strich ihm über den Kopf.

„Zeig mal! ... Das sieht ja nicht gut aus. Was habt ihr denn bis jetzt mit der Wunde gemacht?"

Die Frau wollte erst nicht mit der Sprache heraus, dann sagte sie: „Großmutter hat Kälberfüße gekauft, die habe ich gekocht und den Schaden mit der Brühe gewaschen!"

Dorothea schüttelte den Kopf.

„Gebt ihm ein andermal die Brühe lieber zu essen und kocht

Gries hinein. Er kann eine Stärkung gebrauchen. Aber für die Wunde schreibe ich Ihnen was auf, das holen Sie in der Apotheke und verteilen die Salbe schön gleichmäßig über die böse Stelle."

Als Dorothea der Frau den Zettel reichte, sah sie, dass diese fast lautlos vor sich hinweinte und das Rezept nicht nehmen wollte. Sofort merkte die Doktorin, dass hier mit einem guten Rat allein nicht geholfen war.

„Geht in die Richtersche Apotheke, und hiermit bezahlen Sie gleich."

„Gott vergelte Ihnen das!", murmelte das arme Weib. In der Tür rief sie Dorothea nochmals zurück. „Welcher Lehrer ist denn das, der so bösartig zuschlägt?"

„Der Lengfelder", antwortete der Junge, und die Frau fuhr fort, „man schämt sich eigentlich, es zu sagen, aber er haut den Buben sogar mit der Bibel auf den Kopf. Mein Mann sagte schon, man müsste das dem Pfarrer erzählen."

Die Frau wartete keine Antwort ab, dankte nur noch einmal und ließ Dorothea mit ihren Gedanken allein. *Was gibt es doch für Menschen,* dachte sie empört, *und wie viele sind am falschen Platz!*

Nachdenklich trat sie wieder bei den Ihren ein.

„Hier ist noch etwas ganz Besonderes für dich, Dorothea!" Der Pfarrer winkte sie heran.

„Unser lieber alter Freund Johann Friedrich Rahn, mein Studiengenosse aus frohen Jugendtagen in Halle, hat dir ein Gedicht geweiht."

„Das ist zu viel, Johannes", wehrte sie bescheiden ab, „lies es nicht vor. Ich könnte sonst doch vielleicht noch eitel werden."

Schelm blitzte dabei aus ihren gütigen Augen und ein weiches Lächeln legte sich um den oft so herb geschlossenen Mund.

Schnell wurde sie überstimmt. Stürmisch bettelten die Töchter, auch Frau Leporin bat den Schwiegersohn gar herzlich.

„Dann ruft nur noch Tante Kramer. Die werkelt schon wieder in der Küche. Sie hat zwar den schönen Namen Maria, ist aber eine richtige Martha."

Damit zog der Pfarrer seine Brille aus dem Futteral und entfaltete sorgsam den schönen weißen Bogen mit der zierlichen Schrift, die wie gedruckt aussah. Und als die ganze Familie wieder versammelt war, begann er:

„Du Schmuck der Frau, Deutschlands Ehre!
Dir baut die Nachwelt einst Altäre!
Schon seh ich, wie Dein Muster reizt.
Muss mich nicht Friedrichs Beifall treiben,
Dein klug verdientes Lob zu schreiben,
Um das die beste Schöne geizt?

Nach Dir wird froh Dein Enkel fragen
Und Deinen Ruhm den Enkeln sagen.
Froh nennt er Dich, mein Halle, mit.
Dein Geist und Fleiß und Reiz, o Schöne,
Erweckt den Geist der Musensöhne
Und zwingt zum Wettlauf ihren Schritt.

Du pflanzest Wissbegier und Tugend
In Deiner Brüder Herz und Jugend
Und lockest sie zum kühnen Streit.
Dich trieb Dein junges, schwächlich Leben,
Es Gott und Wissenschaft zu geben,
Die Dich jetzt stark den Schwächern leiht.

So teilt der Schickung kluge Waage
Zum Wohl die Lasten düstrer Tage:
Dein Mann erkrankt. Dies baut Dein Glück.
Der Tod stürmt schon durch Puls und Glieder,
Doch senkt der Vorsicht Bild sich nieder,
Sie heischt Dein bestes Probestück."

Ergriffen tastete Dorothea nach der Hand ihres Mannes und fühlte den herzlichen Gegendruck, während er weiterlas:

„Dich schreckten nicht erwachte Kräfte,
Du mischtest selbst ihm Lebenssäfte
Und wogst die Tropfen zitternd ab.
In jedem Tropfen floss Dein Herze,
Mit jedem drängt ein Strom von Schmerze
Von bleichen Wangen sich herab.

Doch welch ein Anblick! Welch Vergnügen!
Der Tod entflieht scheu Deinen Siegen.
Der treuste Arm umschließt Dich neu!
Das Auge lacht, das Blut fließt jünger.
Dein Lob winkt kühn mit schnellem Finger
So Siecher Flehn als Neid herbei.

Du, Deines Vaters Zierd' und Ehre!
Groß ist Dein Lob durch seine Lehre,
Er muss wie Du unsterblich sein.
Ein Teil von Deinen Lorbeerzweigen
Wird seinen morschen Sarg umbeugen
Und sich der Asche dankbar weih'n."

Bei diesen Worten schluchzte Frau Leporin, die die ganze Zeit schon kaum die Tränen hatte zurückhalten können, laut auf.

Dorothea ging zu ihr und legte den Arm um sie; und mit einem Blick auf Johannes, der mit Lesen aufgehört hatte, sagte sie: „Nun ist aber genug von mir die Rede gewesen. Der gute Rahn hat es ja herzlich gut gemeint, aber ich möchte seine Verse lieber allein zu Ende lesen. Gern, gar zu gern hörte ich jetzt ein schönes Lied."

Sofort öffnete Lore das Spinett, und auf den zarten Klängen schwang fest Sophies kräftiger Alt durch den Raum: Trau auf Gott, du, meine Seele ... Und langsam fielen die anderen ein.

Am späten Abend gingen Dorothea und Johannes allein durch den Garten. Der schwere Duft der weißen Lilien vermischte sich mit dem zarteren der eben aufblühenden Linde. Ein verlorener Vogellaut klang bisweilen auf, sonst war es ganz still. Auch die beiden sprachen nicht viel.

„Dass man so glücklich sein kann, Liebster, so dankbar wie ich jetzt eben!"

„Frau Pfarrer! Frau Doktorin!", kam da plötzlich Stines grelle Stimme von der Haustür her. „Ein Herr möchte Sie sprechen."

„So spät noch?", entfuhr es Dorothea. Und Johannes Erxleben fügte finster hinzu: „Nicht mal am ersten Abend hat man dich ganz für sich."

Langsam gingen beide dem Haus zu.

Im schwachen Licht der Sommernacht erkannte Dorothea Erxleben sofort Dr. Zeitz. Sie erschrak.

„Entschuldigen Sie, sehr verehrte Frau Kollegin, den Besuch zu so ungewöhnlicher Stunde. Verzeihen auch Sie mir, Herr

Pfarrer, aber gerade Sie werden Verständnis haben, denn mein Gewissen ließ mir keine Ruhe mehr; es trieb mich hierher."

Dorothea wollte den Gast hineinführen. Doch dieser wehrte ab.

„Die Nacht ist so heimelig, und hier im Freien kann ich leichter reden."

Zu dritt gingen sie nun zwischen den alten Bäumen des Pfarrgartens auf und ab.

Von St. Nikolai schlug es die zehnte Stunde.

Schwer fielen die Worte von den Lippen des jungen Arztes. Die beiden anderen unterbrachen ihn mit keinem Wort und mit keiner Bewegung.

„Ich bereue es aufrichtig, Madame Erxleben", schloss Dr. Zeitz seine Beichte, „dass ich mich durch die Kollegen Graßhoff und Herweg bereden ließ, Sie anzugreifen. Und zutiefst bedauere ich die Art, in der es geschah."

„Ja, in dem Ton haben sich die Herren bestimmt vergriffen. Das steht fest. Aber sonst brauchen Sie sich keine Vorwürfe mehr zu machen, Herr Dr. Zeitz. Die göttliche Vorsehung, die alles lenkt, hat Sie zum Mittel gebraucht, damit ich das vor Jahren angestrebte Ziel doch noch erreichte. Ohne Ihren Anstoß hätte ich wahrscheinlich bei allen meinen sonstigen Pflichten nie die Kraft gefunden, mich in meinen Jahren noch der Promotion zu unterziehen.

Deshalb müsste ich mich eigentlich für Ihren Brief, der mir zuerst sehr unangenehm war, bedanken."

Lächelnd reichte Dorothea Dr. Zeitz die Hand.

„Auf gute Kollegenschaft!"

Ehrerbietig zog der Arzt die dargebotene Rechte an die Lippen. „Ich bin ordentlich erleichtert, Frau Doktor. Haben Sie vielen, vielen Dank, und nehmen Sie mir die nächtliche Störung nicht übel, Herr Pfarrer. Leben Sie wohl!"

„Das werden Herweg und Graßhoff ihm nie vergessen", meinte Dorothea, als sie wieder allein waren.

* * *

Als Dorothea Erxleben am nächsten Morgen – es war der 15. Juni – sehr früh von einem ungewohnten Geräusch erwachte, wusste sie zunächst gar nicht, wo sie war. Sie glaubte, in Madame Groots unruhigem Zimmer in Halle zu sein, und erkannte doch beim ersten Augenblinzeln sehr erfreut ihre eigenen buntgeblümten Vorhänge, die sich an den kleinen Fenstern im Morgenwind blähten. Sie setzte sich auf und horchte.

Im Haus war alles still. So musste der um diese Zeit ganz ungewöhnliche Lärm von draußen kommen.

Während ihr Mann noch fest schlief, stand sie schnell auf und ging mit bloßen Füßen zum Fenster.

Erst schob sie die Nachthaube etwas zurecht, dann steckte sie den Kopf zwischen den Gardinen hindurch. Doch sie musste sich weit hinauslegen, bis sie etwas sah.

Auf dem Fahrdamm des Steinwegs wimmelte es von Menschen, die dort mit Schippen an der Arbeit waren. Die Straße mit ihren Schlaglöchern, die bei Regenwetter richtige Teiche bildeten und die der Schrecken der Fuhrleute waren, hatte eine Ausbesserung dringend nötig. Auch Frau Leporin hatte erst kürzlich wieder ein Schreiben an die Stadträte mit unterschrieben, in dem Klage wegen des unbefahrbaren Weges geführt wurde.

Aber dass die Sache zu so ungewöhnlicher Zeit – es war noch nicht fünf Uhr – und mit einem solchen Aufgebot an Menschen, sogar Soldaten waren dabei, in Angriff genommen wurde, das wunderte sie.

Vielleicht war in ihrer Abwesenheit eine Anordnung getroffen worden.

Während sie noch darüber nachdachte und sich anzukleiden begann, bewegte sich ein schwerer, mit Kies beladener Wagen über den Kirchplatz. Sechs Pferde zogen ihn.

Mit Hüh und Hott und Peitschenknallen versuchten die Fuhrleute, die Tiere anzutreiben, und griffen auch selbst in die Speichen, um die Last vorwärts zu bewegen.

Von dem Lärm wachte auch der Pfarrer auf und rieb sich erstaunt die Augen.

Ohne erst die Beutelperücke aufzusetzen, lief er zum Fenster und rief ein paar Burschen an, die gerade am Pfarrhaus vorüberrannten.

„Der König kommt! Der König kommt!"

Und weg waren die jungen Leute.

„Der König kommt!"

Dorothea und Johannes wiederholten es fast gleichzeitig. War es Glück? War es Schrecken? Oder ein Gemisch von beidem? Sie wussten es selbst nicht klar, was sie empfanden, und weckten die Kinder.

Um Genaueres zu erfahren, begab sich Johannes bald aufs Rathaus und fand auch dort wie überall in den Straßen, durch die er geeilt war, die größte Aufregung. Wenigstens so viel hörte er, dass man den hohen Besuch gegen 10 Uhr in Quedlinburg erwarten dürfte.

Um diese Zeit sollten sämtliche Glocken der Stadt läuten, auch der Äbtissin war davon Mitteilung gemacht worden. Alle Schulkinder würden Spalier stehen, und die Ratsherren und Pastoren im Ornat sollten vor dem Rathaus Aufstellung nehmen, wo der Bürgermeister den König mit einigen ehrerbietigen Worten zu begrüßen gedachte.

Um diese frühe Stunde war das Stadtoberhaupt aber noch

nicht zu sprechen, sondern rannte in seinem Zimmer auf und
ab und mühte sich, seine schwungvollen Worte ebenso schön
in Reih und Glied zu bringen, wie es draußen der Rektor des
Gymnasiums mit seiner ganz außer Rand und Band geratenen
Bubenschar versuchte.

Da inzwischen auch der Weg, den die königlich-preußische
Staatskarosse durch die Stadt nehmen würde, bekannt gewor-
den war, fand Pfarrer Erxleben bei seiner Rückkehr bereits die
Straßen mit Menschen gesäumt, die dem außergewöhnlichen
Ereignis entgegenfieberten.

Auch daheim bei ihm war alles schon in Bewegung. Sauber
gebürstet lag der Talar mit den frisch gestärkten Beffchen in
der guten Stube.

Vor dem Spiegel drehten sich Lore und Sophie in Feiertags-
kleidern und verschwanden dann schnell, um in der Schar der
Ehrenjungfrauen den König mit Blumen zu empfangen.

Dorothea, die überall geholfen hatte und kaum zum Nachdenken gekommen war, freute sich, als sie endlich allein war.

Auch Stine war, eine Fußbank unterm Arm, losgetrabt.

Während Dorothea den Gürtel ihres braunen Merinokleides
schloss, überlegte sie, was sie dem König sagen wollte, wenn
ihr das gar nicht vorstellbare Glück würde, von ihm angespro-
chen zu werden.

Tiefempfundene Dankesworte formten sich in ihr zu Sätzen
und kamen halblaut über ihre Lippen.

Sie sah den Preußenkönig Friedrich vor sich, wie ihn ein Bild
oben im Schloss zeigte. Er war ihr gar nicht fremd.

Vorsichtig entnahm sie ihrer Schatulle das Berliner Schreiben mit seinem Namenszug.

Ob er wohl nach ihr fragen würde?

Ach, sie war närrisch! Der König hatte wirklich mehr zu tun. Krieg lag wieder in der Luft. Die Not war überall im Land groß. Und da sollte er nach einer Dorothea Erxleben fragen? Ihre Doktorprüfung in Halle war gewiss für ihn nur eine Sache unter Tausenden, nicht mehr.

Sie verschloss den königlichen Brief andächtig. Wenn er nun aber doch nach ihr fragen würde?

Das braune Wollkleid erschien ihr mit einem Mal nicht feierlich genug, sie nahm das schwarzseidene aus dem Schrank, zog es an und legte die gelblichen Spitzen der Äbtissin vor dem Spiegel um.

Dann schnitt sie im Garten die ersten roten Rosen, und in ihren leichten Langschal gehüllt, ging sie in ihr Elternhaus am Steinweg. Ihre Mutter würde sicher einen Fensterplatz für sie haben.

Der, um den sich alle Gedanken in Quedlinburg drehten, hatte, als die Türme des Stifts in zarten Umrissen sichtbar wurden, den Wagen halten lassen.

Der König besprach, sich etwas die Füße vertretend, mit einigen Herren seiner Begleitung wichtige Briefschaften, die ein Kurier aus Berlin hinterher gebracht hatte. Sie schienen ernste Nachrichten zu enthalten, denn er blickte finster und warf nur ab und zu ein paar französische Brocken dazwischen, während er dem Vortrag einer der Herren lauschte.

So traf es sich in diesem Augenblick recht unglücklich, als der Bote des Herrn von Schellersheim, ein junger Adeliger, freudig bewegt die Meldung überbrachte, dass seine Vaterstadt in aller Eile gerüstet habe, um Seine Majestät in ihren Mauern gebührend zu empfangen.

Doch der König hatte seinen Plan geändert. Rundweg lehnte er jeden Aufenthalt in der Stadt ab.

„Ich will mich nicht angucken lassen von den Leuten, sollen sich so zufrieden geben. Steigen Sie in meinen Wagen, Exzellenz, und fahren Sie mit Ihren Ausführungen fort."

Betreten stand der junge Herr von Wengelyn da, ganz blass war er geworden. Am liebsten hätte er zornig aufgestampft, als der König mit dem vortragenden Gesandten in der Karosse Platz nahm.

Er sah noch, wie der König selbst die Vorhänge vor die Scheiben zog.

Die konnten daheim lange auf ihn warten. Gemächlich trabte er hinter dem königlichen Wagen her.

In die Polster gelehnt, hörte Friedrich zu und erwog dabei sofort die Notwendigkeiten, die sich für Preußen jetzt ergaben.

In eine Pause hinein meldete einer der Adjutanten, die den Rücksitz innehatten: „Wir kommen jetzt nach Quedlinburg, Majestät! Befehlen Eure Majestät ein langsameres Tempo? Und darf ich die Vorhänge zurückziehen?"

Der Adjutant prallte zurück vor dem eiskalten Blick, der ihn aus den Augen des Königs traf.

„Wir fahren nicht spazieren. Ich arbeite. Damit ist denen da draußen mehr gedient, als wenn sie meine Fassade sehen. Ich befehle schnelles Tempo. Es darf aber kein Unglück geschehen, wir sind in einer Stadt und nicht auf der Landstraße. Draußen am Wald, da will ich rasten in der frischen Luft meiner Harzberge, nicht in diesen dumpfen Mauern.

Es soll ja hier in Quedlinburg von den vielen Branntweinbrennereien immer so scheußlich nach Maische stinken."

Auf ein Zeichen des Adjutanten trieb der Kutscher die vier Pferde an. Die Lakaien, die hinter dem Kutschkasten saßen, mussten sich tüchtig festhalten, so holperte der Wagen durch das Öringer Tor den Steinweg entlang.

Nach beiden Seiten spritzte der gelbe Kies. Die Jubelrufe der Bürger umtosten die Staatskarosse, die über die Breite Straße in die Marktstraße einbiegend, schon vom Rathausturm gesichtet worden war.

Alle Glocken erklangen, die Kinder stimmten ihr „Lobe den Herren" an, und der Bürgermeister holte tief Atem und warf einen letzten Blick in das Konzept seiner Rede.

Feierlich stieg er die Stufen zum Markt hinunter, um eigenhändig den Wagenschlag des Königs zu öffnen.

Da – rollte die königliche Kutsche vorüber. – Er machte einen tiefen Bückling, und ehe er sich von seinem Erstaunen erholt hatte, war schon der letzte Wagen der Begleitung über die Steinbrücke hin seinen Blicken entschwunden. Nur der junge Herr von Wengelyn ließ sein Pferd halten, stieg ab und zog das verdutzte Stadtoberhaupt in ein erregtes Gespräch, das im Innern des Rathauses beendet wurde.

Die Äbtissin Maria Elisabeth hatte im Schmuck aller ihrer Orden in der Blauen Galerie Platz genommen. Eine heimliche Hoffnung war in ihr, dass der König ihr einen Besuch abstatten möchte. Vom Fenster aus sah sie den Zug der preußischen Wagen sich so schnell entfernen, dass minutenlang eine Staubwolke über der Landstraße stand.

Da ließ die Spannung in ihrem Gesicht nach, der Körper sank müde in sich zusammen.

„Kavaliere scheinen die Könige von Preußen alle nicht zu sein ... Ich möchte in den Dom in meinen Betstuhl, Fräulein von Gerdau, es ist nur gut, dass wir etwas kennen, das uns niemals enttäuscht. Führen Sie mich, liebe Gerdau!"

Der König, der weder einen Blick auf das Stift noch auf die Schlosskirche geworfen hatte, unterbrach plötzlich seine Ausführungen, schob die Vorhänge etwas auseinander und versuchte zurückzuschauen.

„Quedlinburg?" ... meinte er, „Quedlinburg?"

Seine Gedanken schienen zu suchen.

„Richtig!" Er lehnte sich zurück. „Hat doch da neulich die Frau eines Pfarrers in Halle zum Doktor promoviert ... und die war ein Quedlinburger Kind."

* * *

Nachdem Dorothea Erxleben ihre Doktorarbeit sehr sorgfältig ins Deutsche übertragen hatte, ging sie an einem Februartag des Jahres 1755 zu dem Buchhändler Theodor Schwan, der seinerzeit verschiedene Schriften ihres Vaters in Druck genommen hatte.

Monsieur Schwanius, wie er sich gern nannte, ein verhutzeltes, redseliges Männchen, empfing die Frau Doktorin sehr liebenswürdig in der Annahme, dass sie eines seiner medizinischen oder geistlichen Bücher kaufen wolle. Er schleppte auch gleich allerhand Bände herbei und fing an, diesen und jenen Verfasser zu preisen.

Nach einer Weile unterbrach ihn Dorothea: „Herr Schwan, ich bin gekommen, um Ihnen meine Doktorarbeit zum Druck anzubieten. Die Frau Äbtissin bat mich um den deutschen Text."

Sie reichte dem alten Buchhändler die engbeschriebenen Blätter hin.

Ohne die Arbeit näher anzusehen, fing der Mann ein großes Klagen wegen der schlechten Zeiten an, bei denen man nie wisse, ob der Krieg nicht morgen schon im Land sei, und gab Dorothea zu verstehen, dass er sich von der Schrift einer Frau nichts, aber auch gar nichts verspreche.

„Außerdem habe ich einige medizinische Aphorismen von

Dr. Graßhoff eben im Druck. Und seine Freundschaft ... Sie verstehen, Frau Pfarrer." Ganz ruhig nahm Dorothea ihre Doktorarbeit vom Tisch und packte sie wieder ein.

„Es sind übrigens noch einige Exemplare von Ihrem Herrn Vater übrig, die sich jetzt sehr schwer verkaufen lassen. Ich hatte sie schon meinem Sohn mit auf die Märkte nach Goslar und Halberstadt gegeben, aber umsonst war sein Bemühen, sie an den Mann zu bringen. Und was für ein kluger Mann war er doch, der Dr. Leporin! Ehre seinem Andenken!"

Zornesröte stieg Dorothea in die Wangen, sie wollte etwas erwidern.

Aber schon fuhr Theodor Schwan fort: „Sie können sich denken, dass das Buch einer Frau erst recht schwer zu verkaufen ist. Meiner Meinung nach ..." er hüstelte verlegen, als er die klaren Augen Dorotheas auf sich gerichtet sah ..., „meiner Meinung nach sollten Frauen überhaupt nicht studieren oder Bücher schreiben."

Er trat wie schutzsuchend hinter sein Stehpult und lächelte verbindlich.

Dorothea wandte sich in der Tür noch einmal um: „Herr Schwan, man hält dumme Männer auch nicht vom Studieren ab, warum denn die Frauen?" Und draußen war sie.

Im April des gleichen Jahres kam von dem Drucker Johannes Justinus Gebauer aus Halle die Nachricht, dass die Doktorarbeit Dorothea Erxlebens mit einigen Beilagen, die Promotion betreffend, bereits erschienen sei und sich in Halle einer großen Beliebtheit erfreue. Auch nach Berlin und Breslau habe man schon etliche Exemplare verkauft.

Einen Augenblick dachte Dorothea daran, Theodor Schwan

durch Gebauer einige Hefte zum Vertrieb in Quedlinburg anzubieten. Doch sie verwarf den Plan gleich wieder.

Die Bändchen waren ihr zu schade, um in irgendeiner Ecke im Gewölbe des feindseligen Buchhändlers zu vermodern. Sie waren bei der Konkurrenz besser aufgehoben.

Theodor Schwan aber ärgerte sich fast die Gelbsucht an, wenn er des Öfteren Kunden aus dem Laden gehen lassen musste, die vergeblich nach der berühmten Doktorarbeit Dorothea Erxlebens fragten.

„Nanu? Das haben Sie nicht? Wir meinten, Sie als Verleger von Dr. Leporin ...“

Verfluchtes Weibsstück, dachte das verhutzelte Männchen, *warum hat sie mich damals nicht gebeten!*

Im Erker seines Kollegen in der Hohen Straße hatte er die Dinger liegen sehen. Man hätte den Lehrbuben hinschicken können, eins zu holen. Aber nein! Eigenhändig brachte er ein Schreiben an den befreundeten Buchherrn Baensch in Dresden zur Post.

Als die Schrift ankam, las er sie heimlich.

Schon die pompöse Widmung ärgerte ihn.

„Der hochwürdigst- und durchlauchtigsten Herzogin und Frau, Frau Maria Elisabeth, Erbin zu Norwegen, Herzogin zu Schleswig-Holstein, Stormarn und Dithmarschen, des kaiserlichen freien weltlichen Stifts Quedlinburg Äbtissin, des kaiserlichen russischen Katharinenordens Mitglied, meiner gnädigen Herzogin und Frau!“

Wütend warf er das Heft in die Ecke.

Wie konnte er sich so ein Geschäft entgehen lassen!

„Das gute Kind, meine kleine Leporina.“ Versonnen, ganz in vergangenen Zeiten mit den Gedanken, sah die Äbtissin Maria

Elisabeth über die blühenden Obstbäume unter dem Fenster ihres Gemachs. Sie fröstelte, obwohl es ein warmer Maitag war.

„Lassen Sie noch etwas auflegen, Fräulein von Oppen, das Feuer im Kamin ist ja fast heruntergebrannt. Und dann lesen Sie weiter, Beste. Ich hätte nie gedacht, dass ein Mathematiklehrer – sind doch meist trockene Gesellen – überhaupt dichten kann wie dieser ... wie heißt er doch?"

„Johann Joachim Lange, Frau Herzogin!"

Der Kammerdiener, der das Feuer frisch geschürt hatte, ging leise hinaus.

Fräulein von Oppen, der die Wärme des Raumes sich etwas auf die Brust legte, räusperte sich und schlug dann die Schrift über die Promotion der ersten deutschen Ärztin wieder auf. Man war schon beim Anhang. Maria Elisabeth schloss die Augen und hörte zu.

O Dichter ihr, von hoher Glut beseelt,
Übt jetzt die Saiten güldner Leier.
Wenn ihr der Welt der Tugend Lob erzählt,
So singt auch mit gewohntem Feuer
Der Erxleben ganz ungemeine Pracht,
Die Deutschland selbst die erste Ehre macht.

Doch hier besingt des edlen Weibes Geist,
Ihr sittsam tugendhaft Gemüte,
Die Schönheit, die nicht nur von außen gleißt,
Den holden Ernst, die ernste Güte.
Und lasst die Welt des Geistes Bildung sehn,
Erhaben, keusch, gelehrt, klug, fromm und schön!

Die Äbtissin musste lächeln.

„Hoffentlich sind die Lehrsätze des Mathematikers klarer als seine Reimerei", unterbrach sie die Vorleserin.

„Ein Klopstock hätte das besser gemacht; aber man muss den guten Willen loben."

Maria Elisabeth hielt die Lider beim Sprechen geschlossen. Ihre Gedanken wanderten wie heute schon so oft zurück in die Vergangenheit.

„Immer sehe ich Dorothea Erxleben noch als Kind vor mir. Sie mag damals dreizehn Jahre alt gewesen sein, die kleine Leporin. Es war in dem schrecklichen Jahr, als die Pröbstin Aurora von uns ging ...

Ein Unglück war geschehen, Ihr habt ja oft davon erzählen hören.

Dr. Leporin holte die mörderische Kugel, die meinem Leben gegolten hatte, aus der Schulter unseres jüngsten Stiftsfräuleins."

Der Atem der Äbtissin ging schwer, es war fast ein Röcheln. Beruhigend legte Fräulein von Oppen ihre warmen Finger auf die kalten Greisinnenhände.

„Nicht davon sprechen, Hoheit, es ist ja alles längst vorbei."

Doch Maria Elisabeth sprach weiter: „Es ist nur, weil ich an das Kind denken muss, an die kleine Ärztin. Damals stand Dorothea Leporin, zart und kindlich schmal in dem langen dunklen Kleidchen mit ernstem blassem Gesicht dabei und hielt die Rechte unserer ohnmächtigen Maria von Bronnen ganz fest, während Dr. Kaulitz die Linke in seiner großen Hand bewahrte.

Und dann, auf einen Wink des Vaters, tauchte sie weiche Batiststreifen in Essigwasser und wusch die Wunde. Nie, nie werde ich dieses Bild vergessen ..."

Die Äbtissin öffnete die Augen, der Blick schien von weit her zu kommen.

„Fahr' Sie nun in dem Gedicht fort, liebe Oppen!"

„Hygiea lässt der Freude freien Lauf,
Morbona eilt bestürzt zurück.
Durch Deinen Ruhm stehn viele Kranke auf,
Gestärkt durch Arzenei und Blick.
Die spätre Welt beneidet unsere Zeit:
Der Nachruhm trägt Dein Bild zur Ewigkeit!"

„Ein bisschen umständlich, diese Reime. Vielleicht bin ich auch schon zu müde. Doch es will mir scheinen, als ob unsere Frau Erxleben auch ohne die Verse des Mathematikers im Gedächtnis vieler fortleben wird."

* * *

Als die Sommerglut über den engen Gassen Quedlinburgs brodelte, ging Dorothea Erxleben oft sorgenbeladen den Weg zum Schloss hinauf.

Meist erwartete sie die Äbtissin, die immer noch krampfhaft Würde und Hoheit zu bewahren suchte, aufrecht im Sessel sitzend. Die eng geschnürten Gewänder mochte sie nicht mit loserer Kleidung vertauschen, so liebevoll die Ärztin auch dazu riet. Das unruhig klopfende Herz würde freier schlagen können, die Atemnot geringer sein.

„Ich habe manchmal über die Königsmark gespöttelt, dass sie so vertrocknet und armselig, wie sie war, in nichts mehr an das schöne Königsliebchen von einst erinnernd, bis zuletzt noch Rouge und Puder gebrauchte und die gichtischen Finger mit den kostbarsten Ringen schmückte. Und nun mach ich's ebenso!"

Die Äbtissin versuchte ein Lächeln, es schnitt Dorothea ins Herz. Sie wusste nichts zu erwidern und strich nur sachte über die blutleeren Hände, die schmal und feingliedrig auf dem lila Samt der Armlehnen lagen.

Alle Apotheken Quedlinburgs zusammen besaßen nicht so viel Heilkräftiges wie die weithin berühmte Kräuterkammer des Stifts.

Zur richtigen Zeit gepflückt, nach alten Weisungen getrocknet, bewahrte manches heimische Kraut hier seine Kraft. Aber auch allerhand Fremdländisches lag dort bereit, so die hochwertigen Zimtarten Einnamon und Eassia, die schon Dr. Leporin der Tochter mit den Verordnungen des Hippokrates empfohlen hatte.

Den besten Südwein hatte Dorothea heute vom Kellermeister heraufbringen lassen. Er floss wie Öl in den kleinen Tiegel, in dem sie ihn mit dem köstlichen, duftenden Einnamon aufkochen ließ.

„Kind, ich träumte heut Nacht, oder sah ich dich wirklich an meinem Bett sitzen?", fragte Maria Elisabeth, während sie den Geruch des Zimtweins einsog.

„Es war so dunkel gestern, kein Stern am Himmel, da mochte ich nicht so spät noch hinunter."

Ob die Kranke die Ausrede glaubte, war nicht an ihrem Gesicht zu erkennen.

„Hm!", sagte sie, „den Morgentrank lass ich mir gefallen, Frau Doktor!"

Sie lächelte dankbar und nippte an dem Becher, den ihr Dorothea an die Lippen führte.

„Wie spät haben wir es eigentlich?"

„Ein wenig vor sieben, Frau Herzogin."

„Sonst kam ich um diese Zeit immer aus dem Dom ... Geht der Monat Juli bald zu Ende? Seitdem ich nicht mehr die täglichen Rechnungen unterschreibe, verliere ich die Zeit ganz aus den Augen."

„Wir haben heute den 17. Darf ich den Trunk noch einmal anbieten?"

Vorsichtig reichte Dorothea ihr den weißen Porzellanbecher mit dem Weinlaubmuster, das die hohe Frau so liebte.

„Nachher koche ich noch ein anderes Elexier, aus Lorbeer mit Wein, kräftigem roten aus Frankreich. Die Alten legten noch eine echte Perle hinein."

„Dies ist in jedem Trunk, den du mir reichst: deine treue Liebe, Dorothea!"

Dorothea wurde es schwer, die Tränen zurückzuhalten. Sie wischte nur zärtlich über die feuchte Stirn der Leidenden.

„Und zum Mittag gibt es ein Kerbelsüppchen, ich pflücke selbst das Kraut dazu. Es grünt so schön an der Mauer. Die Beschließerin meint, es komme keine Ameise mehr in die Vorratskammer, seit der Kerbel dort wächst."

Noch einmal hielt Dorothea die Tasse an den Mund der Kranken.

Diese schluckte gehorsam, obwohl es ihr schwer war, und sah die Ärztin lange an.

„Danke", flüsterten die blutleeren Lippen.

Dann zog es wie ein Schatten über das strenge Gesicht. Der Kopf sank vornüber.

Die allmächtige Äbtissin von Quedlinburg, Maria Elisabeth, Herzogin von Holstein, lebte nicht mehr.

Im Hintergrund schlug eine Spieluhr die siebte Stunde. Dorothea hielt das Werk an.

Dann saß sie lange neben der Toten, die sie wie eine Mutter verehrt hatte, und nahm allein Abschied. Erst als sie sich etwas gefasst hatte, rief sie die Chorfrauen und Stiftsfräulein herein, die bald den Raum mit lautem Jammern erfüllten.

Vier Wochen lang klagten alle Glocken Quedlinburgs zur Mittagszeit um die große Herrin.

* * *

Es mochte etwa eine Woche nach den großen Beisetzungsfeierlichkeiten für die Äbtissin gewesen sein, als Dorothea auf dem Weg zum Schloss, wo die Pröbstin infolge der vielen Aufregungen mit einem Gallenfieber im Bett lag, am Haus des Kommissionsrats Klopstock aufgehalten wurde.

Frau Anna Maria winkte, zwischen den Säulen des Vorbaus stehend, die Ärztin heran und führte sie in den kühlen Hof, zu dem kein Strahl der Julisonne Eingang fand.

Die rüstige Fünfzigerin, die stattlich in der hohen Spitzenhaube neben der zierlichen Dorothea ging, sah rosig und gesund aus. Und als Frau Erxleben sie fragte, ob ihr etwas fehlte, schüttelte sie lachend den Kopf.

„Nein, mir nicht, aber das Schwiegertöchterchen gefällt mir nicht. Sie hustet mir zu viel. Und der Gottlieb nimmt's nicht ernst genug. Er ist ja manchmal nur halb auf der Erde, hat den Kopf und das Herz immer voll von heiligen Versen. Dabei liebt er seine Eidli, sein Clärchen oder mit welchen Namen er seine Frau auch nennt, mit unbeschreiblicher Zärtlichkeit. Weinen muss man, wenn man die Liebesgedichte liest."

Dorothea nickte.

Aus Halle hatte sie damals Johannes die drei ersten Gesänge des in Quedlinburg noch wenig bekannten „Messias" mitgebracht.

„Es ist beinahe so, als lese man in der Bibel."

Frau Klopstock dankte ihr mit einem warmen Blick für dieses gute Wort.

„Ist die junge Madame Klopstock hier?"

Die stolze Mutter, noch ganz bei ihrem Ältesten, bejahte eifrig.

„Beide sind bei mir, leider nur für kurze Zeit, dann müssen sie wieder nach Kopenhagen. Aber es ist eine solche Freude! Wenn nur nicht, ja, wenn nur die Meta nicht so zart wäre!"

Frau Klopstock flüsterte ihr etwas ins Ohr ...

„Es wird doch nicht wieder eine Fehlgeburt geben, meine Liebe?"

„Aber warum denn?", tröstete Dorothea, „ich hoffe mit Ihnen auf ein gesundes Enkelchen."

In einem Zimmer des Oberstocks mit dem Blick auf die sich dicht an den Dom schmiegenden kleinen spitzgiebeligen Häuser lag die junge Frau und sah mit großen erstaunten Augen auf die hinter der Schwiegermutter eintretende ihr unbekannte Dame.

Das mit Spitzengekräusel besetzte Nachthemd war ihr von der Schulter geglitten. Sorgfältig schob es Frau Klopstock wieder zurecht.

Vorwurf klang aus ihrer Stimme.

„Warum nimmst du kein Tuch um, Meta, wenn du noch im Bett schreibst? Überhaupt die vielen Briefe, bald an den Giseke, bald an den Kramer, bald an Gott weiß wen. Und in dem dünnen Nachtkleid! Du kannst ja nicht gesund werden!"

„Nicht böse sein, Mutter, es ist doch Sommer. Da braucht man nichts zu befürchten. Aber du bringst mir Besuch?"

Die Kommissionsrätin stellte nun die Frau Doktor förmlich vor.

„O, eine richtige Ärztin." Sie reichte Dorothea die Hand.

„Aber mir fehlt gar nichts. Ein bisschen Müdigkeit! Die Post – wir kamen vergangene Woche von Hamburg – beförderte uns von Halberstadt ab in einem so klapprigen Wagen, bei dem es durch alle Ritzen zog. Möglich, dass ich mich dabei erkältet habe."

Dorothea fühlte gleich den Puls und legte ihr Ohr an die Brust der jungen Frau.

„Sie müssen sich etwas schonen, Madame Klopstock, der Husten sitzt tiefer, als ich annahm."

„Ich habe ihr schon Wasser von gequollenen Zwetschgen zum Gurgeln gegeben", warf Frau Klopstock ein.

„Das ist auch gut, es löst den Schleim. Aber Gurgeln allein wird dabei nicht helfen. Einatmen von Kamillendämpfen möchte ich sehr empfehlen."

Und nach einigem Nachdenken fügte Dorothea hinzu: „Sie haben oben auf dem Schloss noch einen Absud von Salbei und Minze mit Kandis nach dem Rezept unserer Frau Herzogin. Davon bringe ich auf dem Rückweg ein Fläschchen mit. Aber die Schwiegermutter hat Recht, halten Sie Brust und Rücken warm."

„Aber ich mag doch nicht wie eine alte Frau aussehen, wenn mein Gottlieb kommt."

Sie entblößte die Schulter wieder etwas, nahm den Handspiegel, der auf einem Stuhl neben dem Bett lag, und lächelte ihr eigenes Bild an. Sie zupfte an den Locken, die noch nicht alle aufgewickelt waren.

„Hier müsste eine Rose stecken. Wenn die Frau Mutter so lieb wäre ..."

Diese beeilte sich, dem Wunsch der Schwiegertochter nachzukommen.

„Nehmen Sie doch ein bisschen bei mir Platz, Frau Doktor. Ach, dieses Quedlinburg ist zu langweilig! Und noch dazu diese Hoftrauer! Kennen Sie übrigens meinen Klopstock?"

Meta fragte es lebhafter werdend.

„Als kleiner Junge lief er mir öfter über den Weg. Dann habe ich ihn lange nicht gesehen. Aber ich bin stolz, dass der große Messiasdichter ein Kind unserer lieben Stadt ist."

Dankbar drückte Meta die Hand der Ärztin.

„Ach, er ist der schönste, der beste, der liebste Mann!"

Die etwas fiebrigen Augen glänzten vor Wonne.

Da kam Frau Klopstock schon mit zwei erst halbgeöffneten roten Rosen zurück.

Wie ein Kind freute sich die Leidende.

Sie küsste leidenschaftlich die Hände der Schwiegermutter. Dann hielt sie sich die Blumen ins Haar und nahm den Spiegel wieder vor.

„Reicht mir doch das hellblaue Seidenband, bitte, bitte!"

Frau Anna Maria holte es eilig und wand es selbst um die Locken der jungen Frau.

Diese spielte verträumt mit den Schleifenenden.

„Hört doch mal zu! Seine Verse an mich, an seine Meta ...

Im Frühlingsschatten fand ich sie;
Da band ich sie mit Rosenbändern.
Sie wusst' es nicht und schlummerte!
Ich sah sie an. Mein Leben hing
Mit diesem Blick an ihrem Leben!
Ich fühlt' es wohl und wusst' es nicht.
Doch lispelt ich ihr sprachlos zu
Und rauschte mit den Rosenbändern.
Da wachte sie vom Schlummer auf.
Sie sah mich an! Ihr Leben hing

Mit diesem Blick an meinem Leben!
Und um uns ward's Elysium!"

Frau Klopstock wischte sich die Tränen ab, als die Schwiegertochter geendet hatte, und auch Dorothea wurde es eigen zumute.

„Elysium? Nein! Nein!", rief Meta, die einen Augenblick wie
erschöpft aussah, und richtete sich auf.

„Elysium! Das ist ja Jenseits, kann hier nicht sein. Ich will
leben! Hier auf der Erde will ich leben, mit ihm leben! Lange,
lange ..."

Dorothea rann bei diesem Ausbruch ein Schauer über den
Rücken. Dann ermahnte sie die Kranke zärtlich wie eine
Schwester, sich doch zu schonen, gesund zu werden für ihn.

Als Dorothea der Kommissionsrätin die Treppe hinunter
folgte, meinte sie: „Ein liebes Geschöpf", und fügte sinnend
hinzu: „aber es wird nicht leicht sein, es auf der Erde zu halten."

„Die Frau eines Dichters und noch dazu eines so überirdi-
schen, wie mein Sohn ist, muss schon etwas in anderen Welten
schweben."

Frau Klopstock, die der ärztliche Besuch an sich schon getröstet zu haben schien, überhörte den sorgenden Klang in
Dorotheas Worten.

„Aber bringen Sie die Tropfen vom Schloss nur immer mit;
ich passe auf, dass sie sie regelmäßig nimmt.

Und schönsten Dank für das Hereinsehen! Empfehlung an
den Herrn Pfarrer!"

Nachdenklich stieg Dorothea das letzte steile Stück zum
Schloss hinauf ...

Mein Leben hing mit diesem Blick an ihrem Leben ... Die
Verse hallten noch in ihr nach.

Und die junge Madame Klopstock ging ihr lange nicht aus dem Sinn.

Wie verschieden doch wir Frauen sind, dachte sie und suchte, mit den Blicken über die Stadt hinschweifend, die Türme von St. Nikolai.

Ich liebe gewiss meinen Johannes nicht weniger als Meta ihren Klopstock und könnte doch nie zu anderen darüber sprechen. Auch zu ihm nicht.

Warm wurde ihr ums Herz. Da saß er nun da unten und arbeitete an seiner Sonntagspredigt.

Nachher würde er sie ihr vorlesen.

Ist es nicht ein unsagbares Glück, so das Vertrauen des liebsten Menschen zu haben? Es bedurfte wahrhaftig keiner großen Worte zwischen ihnen.

Geborgen war einer in der Liebe des anderen, die scheu und karg sich äußerte und doch tief und echt war.

„Der schönste, der beste, der liebste Mann ...“ *Ach Johannes, wenn ich das sagen würde!* Dorothea lachte leise auf.

Den Kopf würde er schütteln über mich und vielleicht ein bisschen beschämt sein.

Nein, es war schon besser so, wie es war.

Dorothea trennte sich schwer von der Aussicht auf Quedlinburg und das sommerliche Land.

Aber die Pröbstin wartete.

Ihr bangte etwas vor den Klagen der alten Prinzessin. Wie schön müsste es sein, an einem Tag wie diesem einem kleinen Erdenbürger ins Dasein zu helfen, damit neue Liebe in die Welt kam, klingende, singende, wie die von Meta und Klopstock, oder schweigende, behütende, wie es die ihre war.

* * *

Mit großem Pomp war am 9. April 1756 Anna Amalia, eine Schwester Friedrichs II., in ihr Amt als achtunddreißigste Äbtissin des weltlichen Stifts Quedlinburg eingeführt worden.

Sie hatte gnädigst die Ehrungen entgegengenommen und mütterlich die Bewohnerinnen des Schlosses begrüßt, auch deren vielen Klagen ein freundliches Ohr geliehen.

Dann aber war sie bald wieder abgefahren, sehr zur Enttäuschung der gesamten Bürgerschaft, die sich von der engen Verbindung der Abtei mit der Preußenkrone allerhand Vorteile versprochen hatte.

Gerade in den unruhigen Zeiten, in denen so viel von Krieg gemunkelt wurde, hätte man die Anlehnung an einen Mächtigen gut gebrauchen können.

Sorgenvoll wiegten nicht nur die Quedlinburger in den kommenden Wochen und Monaten ihren Kopf. Die hohe Politik, die sie nach den Auswirkungen mühsam zu enträtseln suchten, blieb ihnen unverständlich.

Dass Friedrich II. sein Schlesien gegen die Ansprüche Maria Theresias verteidigen musste, leuchtete allen ein. Das war eine einfache Sache, die sich sicher schnell erledigen ließ.

Aber die unheimlichen Fäden, die sich hinter dem Rücken des Preußenkönigs schicksalsschwer verknüpften und deren Enden in der Hand von England und Frankreich ruhten, blieben dem einfachen Mann verborgen.

Und plötzlich klang das Wort „Krieg" auf.

Die Buben, die auf dem Kleers den Übungen der Soldaten zugesehen hatten, trugen es mit ihren Blechtrompeten und Fähnlein, mit Papierhelmen und Holzsäbeln in die Häuser. Und ihre Augen begegneten dort den sorgenvollen Blicken der Väter und den verweinten Gesichtern der Mütter.

Ja, es war Krieg!

Am 26. August läuteten von allen Kirchen Quedlinburgs die Glocken.

Das Infanterie-Regiment von Hülsen war zum Abmarsch bereit angetreten.

In St. Nikolai hielt Pfarrer Erxleben eine kurze Andacht zum Abschied.

Auch zwei seiner Schwiegersöhne gingen mit ins Feld.

Da mehrere Ärzte der Stadt, zum Kriegsdienst einberufen, dem Regiment folgten, bekam Dorothea Erxleben noch mehr zu tun als vorher.

Mit Besorgnis sah der Pfarrer, dass seine Ehefrau bald über ihre Kräfte arbeitete, obwohl sie sich nichts anmerken ließ und durch ihre Zuversicht alle im Haus bestärkte.

Magdalene, seit kurzem in Thale mit einem jungen Amtsbruder des Vaters verheiratet, schrieb Klagebriefe nach Hause, die vor allem den beiden verlobten Schwestern das Herz noch schwerer machten.

„... bist Du nicht Dein ganzes Leben in einem evangelischen Pfarrhaus aufgewachsen", antwortete ihr Dorothea einmal in einem Brief, „und hast all Dein Rüstzeug verloren?

Wenn wir nicht in der Not standhalten, wer dann? Ich glaube, Du denkst zu viel an Dich. Gehe in die Häuser Deiner Gemeindeglieder! Du wirst finden, dass es wenige gibt, in denen es besser steht als im Pfarrhaus. Du bist an der Quelle, so schöpfe den Trost und reiche ihn weiter. Und nimm ein Stückchen Geräuchertes mit und ein paar Äpfel für die Kinder. Stecke hier und dort ein Licht an, wo es am dunkelsten ist, und vergiss nicht die Wundsalben und ein wenig altes Leinen.

Du kannst den Schmerz nicht aus der Welt schaffen, ebenso wenig wie ich, aber lindern sollen wir ihn.

So lass Deine Liebe spürbar werden, meine Tochter! Und

klage nicht, denn vorerst ist, Gott sei herzlich Dank, wenig Grund dafür.

Ich schicke Dir und Deinem lieben Matthias zum Christtag ein Paket. Weidlingers Karl aus der Pölle hat in Thale zu tun, er wird es Dir bringen.

Hoffentlich erfreut Euch das ‚Gülden Schatzkästlein', das ein Heinrich von Bogatzki in Halle hat erscheinen lassen. Lest es nur fleißig jeden Tag, wie wir es auch tun, so sind wir immer im Geist verbunden.

Was macht Dein Frost in den Zehen?

Sophie und Lore haben Dir einen Fußsack für die Kirche gearbeitet, an dem sogar Großmutter Leporin mitgestickt hat. Die Federn sind von Maria Elisabeth.

Im Januar sollen wir eine Zeitung bekommen, wie sie Berlin, Dresden und andere Städte schon lange haben. Bin mal gespannt, ob wir dann mehr hören werden von der Welt draußen.

Wir haben Verwundete hier im Spital, die bei Lobositz verletzt worden sind, sie wissen aber auch nicht viel. Mehrere Male hatten wir Einquartierungen im Haus, es waren ordentliche Leute.

Gott schütze uns vor den Freischärlern!

So verlebt denn ein gesegnetes Christfest!

Der Vater will Euch noch ein Zettelchen schreiben und von uns allen erzählen.

In Liebe Deine treue Mutter Dorothea."

Die Hoffnung, die die Quedlinburger auf ihre neue Zeitung gesetzt hatten, erfüllte sich nicht.

Zwar erschien sie pünktlich jeden Morgen – man konnte sie sich für einen Groschen beim Drucker holen –, aber sie brachte keine politischen Nachrichten, nur die kleinen Ereignisse aus Stadt und Umgegend, die ohnehin schon mündlich viel schneller verbreitet wurden.

Auch war zu lesen, dass die „Goldene Sonne" am 22. Juni ein frisches Fass anstecken würde. Dass aber vier Tage vorher bei Kolin ein schweres Ringen gewesen war, davon berichtete keine Zeile.

Durch verwundete Söhne der Stadt erfuhr man erst viel später, dass Kolin eine Niederlage des Preußenkönigs geworden war, dass Franzosen und Russen im Land waren, um mit den siegreichen Österreichern Preußen aufzuteilen.

Gerüchte vom Tode Friedrichs machten die Stimmung noch unheimlicher.

Am 5. September 1757 bekamen die Quedlinburger zum ersten Mal die Kriegsschrecken am eigenen Leib zu spüren. Gegen Abend wälzte sich eine zusammengewürfelte Schar zum Öringer Tor herein; es war das berüchtigte Fischersche Freikorps, das, ohne sich beim Bürgermeister oder beim Stiftshauptmann zu melden, auf eigene Faust Quartier suchen ging.

Wo man nicht freiwillig öffnete, krachten die Türen von Stiefeltritten und klirrten die Fensterscheiben.

War das nun Freund oder Feind?

Der biedere Küster Messen von St. Nikolai nahm das Letztere an und läutete die Feuerglocke.

Das war aber auch eine Einquartierung!

Die sorglich gehüteten Vorräte wurden nun von den Freischärlern vergeudet, und die Bevölkerung, von der Obrigkeit zur Ruhe ermahnt, wagte nicht, dem üblen Treiben der zuchtlosen Soldaten entgegenzutreten.

Auch im Pfarrhaus hatten sich zwei wüste Kerle eingenistet, vor denen man die Töchter besser verborgen hielt.

Dorothea hatte ihre drei großen Mädchen in die Obhut der Stiftsfräulein gegeben und die beiden jüngsten Kinder zu Großmutter Leporin gebracht.

Eines Abends zwangen die beiden Soldaten die alte Stine, die allein daheim war, ihnen Eier in die Pfanne zu schlagen und den halben Schinken aufzuschneiden.

„Mit zwei Tellern rauf in unsere Stube damit und für jeden eine Flasche Wein!", kommandierte der eine.

„Wir haben keinen im Haus", antwortete das Mädchen, und als ihr der andere mit der Faust drohte, fügte sie zitternd hinzu, „nur den Abendmahlswein für die Kirche. Ich hole aber den Herren sofort eine Kanne Dünnbier aus der ‚Sonne', sofort."

„Das saufen Sie nur allein! Kommen Sie nicht ohne den Wein. Und lassen Sie den Speck nicht anbrennen."

An allen Gliedern bebend, rührte Stine in der Pfanne.

„Das fehlte noch, die gute Gottesgabe verderben zu lassen", murmelte sie.

Etwas erleichtert hörte sie die zwei nach oben stapfen. Im gleichen Augenblick kam Pfarrer Erxleben mit Dorothea nach Hause.

Sie hatten beide die Alten im Weiberspital mit hilfreicher Hand und tröstendem Wort versorgt und waren rechtschaffen hungrig und müde.

„Hm!", machte Johannes und zog den kräftigen Geruch von Speck und Eiern ein, „so was Gutes hat es ja lange nicht bei uns gegeben."

Voll Erstaunen eilte Dorothea in die Küche und erfuhr von Stine den ganzen Hergang.

„Decke drin in der Stube für sieben, schnell, Stine, ich sehe inzwischen nach den Speckkartoffeln."

Während Dorothea die geplünderte Speisekammer überprüfte, sann sie nach, was sie nun sagen sollte, wenn die beiden herunterkämen.

Dann holte sie noch ein paar neue Talgkerzen und stellte sie auf den gedeckten Tisch.

„So, Stine, jetzt geh und hol den Besuch."

„Ich habe Angst, Frau Doktor, wenn ich so mit leeren Händen komme."

„Ach was, sag, in der großen Stube ist's gemütlicher, drum lässt die Frau Pfarrer bitten."

Mit Herzklopfen ging die gute Seele nach oben. Inzwischen hatte Dorothea ihren Mann und die Buben verständigt.

Eigentlich hätten die beiden Unteroffiziere vom Fischerschen Freikorps lieber mit der Faust auf den Tisch geschlagen und die Mahlzeit doch heraufkommandiert, so aber sahen sie sich etwas betreten bei der freundlichen Einladung an, zupften an ihren fleckigen Uniformen und folgten Stine nach unten.

Der Pfarrer lud sie an den Tisch. Albert sprach ein kurzes Gebet, und dann setzten sich alle.

Die große Schüssel, die die beiden hatten allein aufessen wollen, wanderte um den Tisch, und jeder, auch Stine, die kaum einen Bissen herunterwürgen konnte, bekam reichlich seinen Teil.

„Mutter, warum gibt's heute so etwas Feines wie lange nicht?", fragte Christian in das Schweigen, das über der kleinen Tafelrunde lag.

„Du siehst, wir haben Gäste, die nach dem langen Feldlager gern mal an einem gedeckten Tisch sitzen."

Die Fremden bekamen rote Köpfe und rückten unruhig hin und her.

Freundlich wandte sich Dorothea ihnen zu.

„Sicherlich habt ihr daheim auch Frau und Kind."

Die Soldaten sahen auf.

„Meiner geht ins siebte Jahr, und das Bärchen liegt noch in der Wiege", meinte der eine. Und der andere fügte stolz hinzu: „Ich habe zwei Buben, Zwillinge von zehn Jahren, so groß wie der da", er wies auf Albert, und seine Augen leuchteten.

„Wir wollen nur hoffen, dass es euren Lieben gut geht in diesen unruhevollen Zeiten", sagte Dorothea freundlich und füllte die Becher mit klarem Brunnenwasser, das in einem blauen Tonkrug auf dem Tisch stand.

„Mögen sie bewahrt bleiben vor allen Schrecken, die der Krieg auch über Frauen und Kinder bringt, wie hier in Quedlinburg durch zuchtlose Mannschaften, die friedlichen Bürgern ins Quartier gelegt werden." Johannes Erxleben, der bis dahin schweigend gegessen hatte, warf es ein.

Darauf fing der eine Soldat, der Vater der Zwillinge, polternd an zu räsonnieren. „Den Bürgern muss erst mal die richtige Achtung vor dem Kriegsmann beigebracht werden. Geizig sind sie und leben einen guten Tag, während die anderen sich totschießen lassen."

Er stieß den Becher mit Wasser um und hätte wohl noch weitergeschimpft, wenn ihn sein Kamerad nicht beim Arm genommen und hinausgeführt hätte.

„Wir bedanken uns schön!", sagte dieser und strich irgendwie in Erinnerung und ganz unbewusst Christian über den blonden Schopf.

Als in den nächsten Tagen die Vorräte in der Stadt zur Neige gingen, legten Plünderer hier und da, wo man sie abgewiesen hatte, Feuer in die Häuser.

Der Topf mit der Brandsalbe, den Dorothea erst frisch gefüllt hatte, war schnell geleert, so viele Wunden gab es zu verbinden.

Der eine der beiden Unteroffiziere, die im Pfarrhaus einquartiert waren, und der sich nach dem gemeinsamen Mahl stets sehr höflich verhielt, kam gerade dazu, wie die Doktorin einem jämmerlich schreienden Säugling die verbrannten Ärmchen in Ölumschläge wickelte.

Er drehte den Kopf weg.

„Bei Prag und bei Kolin habe ich Schreckliches gesehen, aber das ist ..." Er sah seine Tochter vor sich und konnte den Satz nicht vollenden.

Der Hass der Bevölkerung, der sich des Öfteren in Tätlichkeiten geäußert hatte, wurde infolge der Brandschatzungen immer bedrohlicher, und alles atmete erleichtert auf, als ein Befehl den Kommandanten des Freikorps endlich aus der Stadt rief.

Am 9. September verließ er Quedlinburg. Tausende von Flüchen folgten ihm und seiner Schar.

* * *

Ein paar Wochen war es nun etwas ruhiger in der Stadt. Aber an Frieden war noch nicht zu denken. Die Kartoffelernte war mitten im Gange, als in der nebligen Frühe des 1. Oktobers wieder Truppen über die Bode zogen.

Christian und Albert, die draußen auf dem Pfarrland halfen, hoben die Köpfe.

„Das sind doch keine Fritzischen?"

Der Ältere nahm seinen halbgefüllten Kartoffelsack auf und rannte zur Landstraße, wo die Soldaten haltgemacht hatten. Der Bruder kam hinterher.

Schnelle Kommandos erklangen, die die Kinder nicht verstanden. In den Tagen war oft davon die Rede gewesen, dass Franzosen in der Gegend seien.

„Das sind Franzmänner", meinte Christian, „komm, Albert, wir wollen heim."

Diesmal gelang es dem Rat, die unerwünschte Einquartierung zu verhindern. Der General d'Armentières bezog für mehrere Wochen ein Lager zwischen Ditfurt und Quedlinburg. Nur Kranke und Verwundete fanden in den Spitälern oder in Bürgerhäusern Aufnahme.

In dieser Zeit, als Tag und Nacht die Schießübungen vom Kanonenberg her über die Stadt dröhnten, brachte man eines Abends einen blutjungen französischen Leutnant ins Pfarrhaus zu St. Nikolai.

Dorothea, die seinen Quartierschein prüfte, erfuhr von dem Begleiter, dass der jugendliche Offizier anscheinend sein Gehör verloren habe. Ganz in seiner Nähe sei ein Pulverfass in die Luft gegangen. Der Leutnant, durch die Erschütterung zu Boden geschleudert, sei anfangs bewusstlos gewesen, und hinterher habe sich Taubheit herausgestellt. Neben dem Mitleid mit dem jungen Menschen regte sich Dorotheas Wissensdurst. Einen solchen Krankheitsfall hatte sie bis jetzt noch nicht gehabt.

Mütterlich führte sie den Franzosen in die kleine Stube, die Fritz früher bewohnt hatte. Die Augen des Kranken leuchteten, und dankbar küsste er der Ärztin die Hand.

Dorothea freute sich, dass sie die französische Sprache noch leidlich beherrschte und als verständnisvolle Zuhörerin dem Unglücklichen Vertrauen einflößte.

„Wie das Meer ... wie das Meer ...", wiederholte er immer wieder und zeigte auf seine Ohren. Ab und zu stellte er auch

Fragen und schüttelte dann traurig den Kopf, wenn die Antwort nicht den Weg zu ihm finden konnte.

Auf einem Täfelchen schrieb Dorothea dem jungen Bénédicte Lataine auf, dass er sich recht ruhig verhalten sollte, und riet ihm, sich hinzulegen. Gleichzeitig flößte sie ihm die Erregung mildernde Tropfen ein.

Als sie nach einer halben Stunde nach ihm sah, fand sie ihn schlafend. Friedlich gelöst erschienen seine vorher noch so unruhigen Züge.

Getreu tat der Kranke alles, was „Mutter Erxleben" ihm vorschrieb. Er ließ sich geduldig warmes Öl einträufeln, Umschläge mit heißem Leinsamen machen und wartete sehnsüchtig, ob ein Laut von draußen in seine Stille drang.

Ebenso gespannt wie er war auch Dorothea. Und wie schon so manches Mal beschlichen sie Zweifel an ihrem Können, an dem ärztlichen Wissen überhaupt. Es war ihr klar, dass man hier eine andere Behandlung anwenden musste als bei den schon oft von ihr geheilten eitrigen Ohrenentzündungen.

Aber was war hier zu tun?

Die hoffnungslos blickenden Augen Lataines waren ein stetiger Vorwurf für sie.

Der Winter hatte in diesem Jahr früh eingesetzt. Schon Anfang November fielen die ersten Schneeflocken. Bénédicte, an südliches Klima gewöhnt, fror leicht und war überglücklich, wenn ihn der Pfarrer mit in sein Studierzimmer nahm, das den wärmsten Kachelofen besaß.

Auch Dorothea hatte sich heute zu den beiden gesetzt und suchte in alten Rezepten ihres Vaters, ob sich dort vielleicht ein Mittel gegen Taubheit fände, das sie noch nicht probiert hatte.

Hier war etwas. Sie hörte auf zu blättern.

Mittel gegen Schwerhörigkeit: Man nehme eine Zwiebel, schäle sie und setze sie mit wenig Wasser und einer Handvoll Kamille aufs Feuer. Nach reichlichem Kochen seihe man das Ganze durch ein Leinentuch. Erkaltet träufle man die Flüssigkeit mehrmals am Tag in das kranke Ohr.

Auf der Rückseite des Blattes hatte der Vater noch vermerkt: Das Mittel hat schon öfter geholfen! Auch bei Taubheit! Und das war unterstrichen.

Dorothea wollte gerade ihren Mann auf das Rezept aufmerksam machen, als ein Bote sie zu den alten Frauen ins Spital holte. Das wurde gewöhnlich ein langer Besuch. Denn die alten Frauen hatten viel zu klagen. Bei denen, die mit starken Schmerzen im Bett lagen, konnte man es begreifen, wenn sie weinerlich waren. Aber dass einige immer wieder anfingen, über zu harte Wecken und zu heiße Suppen zu jammern, während anderen das Brot zu weich und der Trunk zu kalt waren und etliche auch die rührige Hausmutter beschimpften, das mochte Dorothea nicht leiden, und sie verstand es, in aller Ruhe den unverträglichen Frauen den Kopf zurechtzurücken.

„Ihr habt doch ein Dach über euch, sitzt in einer warmen Stube und seid nie allein. Das Essen ist pünktlich fertig, die gute Hausmutter pflegt euch, so gut sie es bei der vielen Arbeit kann. Wenn ihr krank seid, bekommt ihr Pillen und Salben und Tropfen. Was wollt ihr eigentlich noch?

Denkt an die Soldaten, die um diese Jahreszeit draußen im Feldlager hausen müssen; sie frieren, haben oft wenig zu essen und Wundschmerzen dazu!"

Die meisten nickten, als die Doktorin geendet, und einige blickten recht beschämt drein. Dann fingen sie an, vom Krieg zu erzählen, und vergaßen dabei ihre eigenen nichtigen Sorgen.

Nachdem Dorothea sich noch um die Bettlägerigen gekümmert hatte, verabschiedete sie sich von der Hausmutter. Dankbar drückte die ihr die Hand.

„Ein Weilchen hält Euer Zuspruch immer vor. Gott lohn's Euch!"

Als Dorothea wieder auf die Straße trat, empfing sie ein schneidender Ostwind und trieb sie im Flockengewirbel nach Hause.

Daheim begrüßte Stine die Doktorin recht vorwurfsvoll, nahm ihr das verschneite Schultertuch und die Haube ab und schlug beides sehr heftig aus.

„Bei dem Wetter sollte die Frau Pfarrer zu Hause bleiben! Selber wird sie noch krank werden von dem verfluchten Doktern", murmelte sie.

„Versündige dich nicht, Stine, mach mir lieber eine Tasse heißen Fliedertee."

Beim Eintritt ins Studierzimmer fand Dorothea ihren Mann und Bénédicte auf der Ofenbank sitzen. Beide waren in ein Buch vertieft.

Der junge Franzose hatte die Pfarrfrau nicht gleich bemerkt, erst als der Pfarrer ihr entgegenging, sah auch er auf, und sein Gesicht, das jetzt meist einen schwermütigen Ausdruck zeigte, schien wie von innen erhellt.

„Denk dir, Dörte, ich fand vorhin das französische Testament, das ich als Student bekommen habe. Ich gab es Lataine und schlug ihm die gleichen Stellen auf, die ich in meiner Bibel las. So war es, als sprächen wir miteinander. Und wir haben uns gut verstanden, wir zwei."

„Das habe ich gleich gemerkt, als ich hereinkam, Johannes. Wie schön, dass du Bénédicte gelehrt hast, mit dem Herzen zu lauschen. Er wird es nötig haben. Denn mit seinem Ohr ... Ich habe nicht viel Hoffnung."

„Du hattest doch ein Rezept von Vater Leporin. Willst du das nicht noch versuchen?" Johannes reichte ihr das Blatt.

„Du hast Recht, mich daran zu erinnern. Ich koche den Absud gleich noch, dann können wir ihm morgen die Tropfen geben."

Am anderen Morgen war der ganze Schnee geschmolzen. Die Kinder brachten enttäuscht ihre Schlitten wieder auf den Boden und wären den Nachmittag am liebsten in der warmen Ofenecke geblieben, wenn nicht eine ganz besondere Unruhe in der Luft gelegen hätte.

Reitende Boten waren in jagendem Galopp auf den Kanonenberg zu gesprengt. Bald danach begann eine unheimliche Tätigkeit bei den Truppen des Generals d'Armentières, und schließlich kamen Soldaten herein, die die Kameraden aus den Bürgerquartieren holen sollten. Sie brachten gleichzeitig die Nachricht mit, dass es bei Rossbach eine große Schlacht gegeben habe.

Und der Sieger? Wer war der Sieger?

Überall klangen ihnen diese Fragen entgegen, die sie nur mit Achselzucken beantworteten. Schnell fort! Schnell fort! Das war ihre Losung.

Es blieb Bénédicte Lataine nicht viel Zeit zum Überlegen, als man ihn abholte.

Stine war allein zu Hause und half ihm packen.

Dabei fielen ihr die Tropfen ein, die Dorothea gestern Abend noch gebraut hatte. Sie holte das Fläschchen und gab dem Franzosen mit lebhaften Gesten zu verstehen, wozu es nötig sei. Der junge Mann zeigte auf seine Ohren zum Zeichen, dass er begriffen habe.

Dann stammelte er Dankesworte, die Stine nur dem Sinn nach verstand, und, als wollte er irgendwie seine Verbundenheit mit der Pfarrfamilie bekunden, schloss er die Alte in die Arme und küsste ihre beiden Hände. „Für Mutter Erxleben!"

Hastig schwang er sich auf das Pferd, das der Kamerad mitgeführt hatte, und ritt, ohne sich noch einmal umzusehen, davon.

Am Abend aber wusste es die ganze Stadt: die Preußen hatten eine große Schlacht gewonnen. Friedrich war der Sieger von Roßbach!

Und einen Monat später bezwang er eine dreifache Übermacht bei Leuthen.

Aber Frieden schien es noch lange nicht zu geben.

Als die Glocken das neue Jahr 1758 einläuteten, war viel Angst in den Herzen der Menschen, nicht nur in Quedlinburg.

Und am 11. Januar erschienen wieder Franzosen vor der Stadt. Ihr General Turpin zog es vor, nicht draußen ein Feldlager zu beziehen, sondern seine Leute bei den Bürgern ins Quartier zu legen.

So waren wieder wochenlang Drangsalierungen und Erpressungen an der Tagesordnung. Dazu wurden die Lebensmittel, die nun in so viele Teile gingen, knapper und knapper.

Mit Sorge sah auch Dorothea Erxleben ihre Vorräte hinschwinden, und mit noch größerer Angst beobachtete sie die Veränderung im Aussehen ihres Mannes.

Er war noch nicht sechzig Jahre alt und wirkte mit seinem weißen Haar und dem müden Gesicht wie ein Greis.

Vorsichtig drang Dorothea mit Fragen in ihn, er sollte ihre Befürchtungen nicht merken.

Aber er klagte nie, schien auch keine Schmerzen zu haben. So war es für Dorothea schwer, ihm zu helfen.

Sie, die so selten um etwas bat, fragte auf dem Schloss nach

Südwein. Er hatte damals Maria Elisabeth so gut getan. Glücklich trug sie die Flasche heim.

Als es aufs Frühjahr zuging, verschwanden die Franzosen aus der Stadt. Und im Sommer schien ein bisschen Ruhe einzukehren.

Nur zu gern glaubte man an Friedrichs Glück. Der Preußenkönig bildete auch den Gegenstand eines lebhaften Gesprächs am Tisch des Stiftshauptmanns, das an einem schönen Julinachmittag von ein paar Freunden des Hauses geführt wurde.

Die an einem plötzlichen Gallenanfall erkrankte Frau von Schellersheim fehlte an der Kaffeetafel, und der Hausherr hatte Dorothea, die zur Hilfe der Kranken gekommen war, herübergebeten.

Sie wollten gerade Platz nehmen, da stürzte mit allen Zeichen des Entsetzens ein Diener herein.

„Soldaten ... Österreicher stehen unten! Sie verlangen Geld!"

Schellersheim sprang sofort auf und stieß schon in der Tür mit einem Husarenhauptmann zusammen, der sich mit seiner Begleitung ins Zimmer drängte.

Sofort entstand ein heftiger Wortwechsel, der Dorothea erzittern ließ.

Ein gellender Aufschrei der Kranken im Nebenzimmer rief sie nach dort.

Sie hörte nur noch die fordernde Stimme des Österreichers: „Ich brauche unverzüglich 100 000 Taler aus der königlichen Kasse! Sie, Herr von Schellersheim, bürgen mir mit Ihrem Leben dafür, dass ich sie bekomme. Folgen Sie mir!"

Auch die Frau Stiftshauptmann hatte die schreckliche Drohung gehört und war kaum im Bett zu halten.

Natürlich führte der heftige Schreck einen neuen Anfall bei der schon Genesenden herbei, so dass Dorothea sie nicht allein lassen konnte.

Sie schickte einen Boten nach Hause, damit die Ihren sich bei ihrem Ausbleiben nicht ängstigten.

Als dieser zurückkam, erzählte er von der lähmenden Furcht, die über ganz Quedlinburg lag.

Auch den Stadtvogt Morgenstern habe man mit zweien seiner Leute fortgeführt, niemand wisse, wohin. „Wenn das Geld nun nicht zusammengebracht wird ...?"

Immer wieder rang sich diese schicksalsschwere Frage von den Lippen der Frau von Schellersheim.

„Nur ruhig, gnädige Frau, es wird ja alles gut werden. Die 100 000 Taler kommen bestimmt zusammen."

Dorothea Erxleben hielt die fiebrigen Hände der Kranken, die in Schmerzen aufstöhnte.

„Dort in der Schatulle, liebe Doktorin, sind die Schlüssel zur Kommode. Schnell holen Sie sie und öffnen Sie das Kästchen im oberen Fach. Schnell doch, bitte!"

Dorothea beeilte sich, dem Wunsch nachzukommen, und schloss das Kästchen auf.

Frau von Schellersheim entnahm ihm eine wundervolle Halskette. Sie war Dorothea wohlbekannt. Wie oft hatte sie sie am Hals der ehrwürdigen Maria Elisabeth gesehen.

„Als ich noch die kleine Elsbe von Holstein war", hörte sie die Äbtissin sagen, „schenkte mir meine Mutter den Schmuck." Unter Tränen kam es vom Bett her: „Mein lieber Mann brachte mir die Kette vor einigen Jahren zu Weihnachten als einen Beweis der Gnade und Huld unserer Frau Herzogin."

Dorothea nickte stumm.

Wie viele Erinnerungen weckte der Anblick des Geschmeides! Sie sah die Finger Maria Elisabeths über die goldenen Reliefs aus feinster Goldschmiedearbeit gleiten, die mit Perlen und Rubinen verbunden war. Die Mitte der Kette bildete ein mit Edelsteinen verziertes Kruzifix, und auf dem Verschluss war die Weltkugel von Sternen umgeben abgebildet. Auch die schönen Hände der Freifrau hielten das Schmuckstück sehr sorglich. In der Unruhe ihrer Gedanken erwog sie seinen Wert.

„Wie viele Taler mag die Kette bringen? 1000? 2000? Bringen Sie sie fort, Frau Doktor, ich flehe Sie an, machen Sie sie zu Geld! Ich will meinen Mann wieder, weiter nichts! Eilen Sie, Liebste, eilen Sie!"

Sanft drückte Dorothea die Kranke in die Kissen zurück und schickte sich an, den heißen Umschlag zu erneuern.

„Wir sind beide in solchen Geschäften unkundig und können den Wert der Kette nicht richtig schätzen. Sie ist ein liebes Andenken an unsere edle Frau Maria Elisabeth und deshalb auch für Ihren Gatten von unschätzbarem Wert. Er würde gewiss schelten, fände er sie nicht mehr in Ihrem Besitz."

Frau von Schellersheim ließ das Schmuckstück wieder in das Kästchen gleiten und sank hilflos wimmernd in sich zusammen.

Die Schmerzen in dem erregten Körper steigerten sich ins Maßlose. Alle Mittel, Wärmepackungen, ja sogar narkotische Tropfen versagten.

Dorothea selbst war am Rande der Verzweiflung. *Wie ein Gift, wie ein tödliches Gift wirkt der Schrecken der Ungewissheit auf diese leidende Frau,* dachte die Ärztin. Sie trat ans Fenster und sah auf das nächtliche Quedlinburg hinunter.

Hier und da leuchtete ein einsames Licht aus einem der Häuser. Es mochten heute viele schlaflos liegen in Sorge um die Stadt.

Sie wandte sich wieder um und fand die Kranke eingeschlafen. Erleichtert zog sie sich einen Sessel ans Bett, löschte das Licht und verfiel schnell in einen traumlosen Schlaf.

Nach einigen Tagen des Hangens und Bangens war der Kriegsbeitrag herbeigeschafft und die Österreicher zogen ab.

Der Stiftshauptmann von Schellersheim und der Stadtvogt Morgenstern wurden mit ihren Begleitern wieder auf freien Fuß gesetzt. Noch ehrfurchtsvoller als sonst zog man vor ihnen auf der Straße die Hüte, denn sie hatten viel gelitten um der Stadt willen.

Zwar lag Frau von Schellersheim noch im Bett, aber die Freude, den geliebten Mann endlich wieder bei sich zu haben, dieses unsagbare Glück, ließ sie alle ausgestandene Qual vergessen.

Dorothea, die dankbar die günstige Veränderung bei der Leidenden beobachtete, meinte später zu Johannes: „Über unser Wissen und Können hinaus hat Gott doch noch seine eigenen Heilmittel. Die Freude ist eine seiner stärksten Arzneien."

* * *

„... nun sind es schon zehn Tage her, dass ich den Brief an Dich, meine liebe Magdalene, angefangen habe. Schon längst sollte er bei Dir sein.

Aber allzu viel Arbeit zwang mich, ihn in die Kommode einzuschließen und auf ruhigere Zeit zu warten. Inzwischen sind in unserer Gemeinde sieben Kinder zur Welt gekommen, bei vieren stand ich den Müttern bei, und es gedieh alles zum Segen trotz mancher unglücklichen Umstände. Wie gerne würde ich Deinen lieben Buben einmal in die Arme schließen!

Dass Ihr ihn auf den Namen Johannes getauft habt, hat vor allem Vater herzlich gefreut.

Ich schrieb Dir schon zu Anfang, dass es ihm gar nicht gut geht, aber er lässt sich nichts anmerken. Er wird nur immer stiller. Das heißt, sonntags predigt er noch mit demselben Feuer wie früher. Doch sein Herz ist hinterher sehr müde, und ich sorge mich um ihn.

Auch mein Bruder Christian, der vergangene Woche aus Nienburg hier war, fand ihn verändert und riet mir, Goldtropfen zu besorgen für das schwache Herz. Wenn sie doch helfen möchten!

Als ich neulich auf dem Weg zum Schloss war, um das alte Fräulein von Oppen zur Ader zu lassen, begegnete mir Frau Klopstock in schwarzer Trauerhaube. Sie winkte mich heran. Und ehe sie noch ein Wort sagen konnte, rannen ihr schon die Tränen über das Gesicht.

,Unsere arme Meta', schluchzte sie, ,sie ist dahin und unsere Hoffnung auf ein Kindchen auch.'

Ich konnte ihr nicht viel sagen, so erschüttert war ich selbst, ich drückte ihr nur die Hand und ging weiter. Die junge lebenslustige Frau war den ganzen Weg über in meinen Gedanken. Ich trug das Bild ihrer zarten Schönheit noch in mir, als ich bei der Oppen eintrat.

In meiner Jugend war sie eine der anmutigsten Hofdamen Maria Elisabeths gewesen. Nie sah ich eine schlankere Taille, nie zierlichere Füße als bei ihr. Und nun sitzt sie in ihrem Sessel, von Wassersucht und Gicht aufgeschwollen. Auch das Gesicht ist unschön geworden, nur die Augen blicken noch gütig wie immer und berühren darum das Herz.

Diese Frau quält sich und möchte gern sterben, und in Hamburg musste die liebliche junge Frau Klopstock sterben, die noch so gern auf dieser Welt geblieben wäre.

Ja, Gottes Wege sind nicht unsere Wege!

Dass unser himmlischer Vater Euch alle in seinen Schutz nehmen möchte, darum bitten wir ihn täglich.

In Liebe Deine Mutter Dorothea. Quedlinburg, den 3. Dezember 1758."

Am frühen Nachmittag des 25. März ließ man die Doktorin Erxleben auf dringende Bitte des Fräuleins von Oppen aufs Schloss kommen.

Sie fand die Kranke bewusstlos im Bett. Ihr Atem ging schwer und röchelnd. Unruhig tasteten die welken bläulichen Hände über die Seidendecke. Manchmal klang die Stimme unheimlich fremd und lallend wie von weither, und wie von einer unsichtbaren Macht bewegt, hob und senkte sich öfter der Kopf.

Dorothea setzte sich neben das Lager der Sterbenden und legte ihr kühle Essigtücher auf die Stirn. Ab und zu hielt sie ihr ein Läppchen, getränkt mit den belebenden Tropfen der Minze, unter die Nase. Auch Kampfer vermochte das schwindende Leben nicht zurückzurufen.

Als alle Bemühungen erfolglos blieben, gab Dorothea Erxleben sie schließlich auf und hielt nur noch die zuckende Hand in ihrer Rechten. Immer langsamer ging der Puls, immer leiser und in größer werdenden Abständen wiederholte sich das Röcheln. Erst gegen Mitternacht war der Todeskampf zu Ende.

Es schlug bereits ein Uhr von St. Nikolai, als Dorothea, von einem Diener heimgeleitet, im Pfarrhaus ankam. Sie wusste, dass Johannes, der jetzt so schwer einschlief, gerade um diese Zeit Ruhe fand. Drum zog sie schon auf der Stiege die Schuhe aus, auch die Röcke, damit sie durch ihr Rascheln den Schlafenden nicht weckten. Bereits vor der Kammertür löschte sie das Licht und trat ganz leise ein.

Die Tür knarrte ein bisschen, und Dorothea lauschte ängstlich, ob alles ruhig blieb.

Dann kleidete sie sich vollends aus und schlüpfte unter die Decke.

Wie fest Johannes schläft, dachte sie, *die Goldtropfen scheinen doch zu helfen.*

Todmüde schlief sie sofort ein.

Etwas später als sonst erwachte Dorothea am folgenden Morgen, und ihr erster Blick ging wie gewöhnlich zum Bett ihres Mannes hinüber.

Die wächserne Farbe seines Gesichts, die blutleeren Finger ließen sie jäh erschrecken.

Sie sprang auf und tastete nach seinen Händen. Sie waren eiskalt.

So war er schon tot, als ich heimkam in der Nacht, zuckte es durch ihren Sinn. Und aufschluchzend sank sie neben dem Sterbelager nieder.

„Mein Johannes! So ganz still, wie du gelebt, bist du von uns gegangen!", kam es über ihre bebenden Lippen.

„Gott hat dich sanft an sein Vaterherz genommen, wie du es gewünscht hast."

Für einen Augenblick zog das schwere Sterben, dessen Zeuge sie gestern gewesen war, durch ihre Gedanken, und ihre Hände falteten sich dankbar beim Anblick des friedlichen Schläfers.

Dann aber überfiel sie mit jäher Heftigkeit der Schmerz über den unwiederbringlichen Verlust, und im Gefühl ihrer Verlassenheit weinte sie fassungslos.

Das Morgenläuten weckte sie aus ihrer Erstarrung. Die Kinder warteten ja auf die Eltern. Wie ahnungslos sie noch waren.

Dorothea zog sich rasch an und öffnete weit die Fenster. Der Märzwind bewegte leise die Vorhänge und das fröhliche Gezwitscher der Stare klang herein. Dann ging Dorothea ganz gefasst, um die Kinder zu holen.

Zwei Tage später bettete man den Pfarrer von St. Nikolai auf dem kleinen Friedhof dicht neben dem Kirchenportal zur letzten Ruhe.

Ehrlich war die Trauer der ganzen Gemeinde um diesen stets gütigen Menschen.

Wie sehr er bei all seiner Ruhe und Zurückhaltung doch Mittelpunkt und Stütze der Familie gewesen war, empfand niemand stärker als Dorothea.

Ohne Sorge hatte sie ihren beruflichen Pflichten nachgehen können, wenn sie den Vater bei den Kindern wusste.

Zwar waren die Buben Christian und Albert schon recht selbständig, aber die neunjährige Anna und das um drei Jahre jüngere Hänschen brauchten doch noch viel Zuwendung. Stine in ihrer Gutmütigkeit war ihnen nicht recht gewachsen, und die älteren Geschwister hatten das Elternhaus bereits verlassen und gingen eigene Wege. Magdalene, die gerade wieder ein Kind erwartete, hatte nicht zur Beerdigung kommen können. Auch Fritz war es unmöglich gewesen, der Stiefmutter in den schweren Tagen nahe zu sein. Beide aber hatten sie in ihren Briefen sehr herzliche Worte des Trostes gefunden.

Und Hanna, Sophie Erxlebens jüngste Tochter, die seit einiger Zeit der alten Großmutter Leporin den Haushalt versah, wollte sofort wieder ins Elternhaus zurückkehren.

Sie würde mit Stine die Wirtschaft besorgen, damit die Mutter nach wie vor ihrem ärztlichen Beruf nachgehen könne.

Davon wollte Dorothea zunächst nichts wissen, denn Frau Leporin konnte nicht allein bleiben.

Schließlich einigte man sich darauf, dass die Großmutter mit ins Pfarrhaus zog. Maria Elisabeth verlegte ihre Wohnung in das Leporinsche Haus, das die Mutter ihr im Testament zugesichert hatte, und für den neuen, noch unverheirateten Prediger wurden einige Räume im Küsterhaus freigemacht.

So nahm das Leben der Erxlebens, äußerlich genommen, bald wieder seinen gewohnten Gang, aber jeder Einzelne fühlte die Lücke, die sich nicht schließen ließ.

Besonders die Abende, die Johannes am liebsten mit seiner Frau allein verlebt hatte, erschienen Dorothea vorerst so leer, dass es ihr schon graute, wenn die Lichter angezündet wurden.

Doch es war vor allem Christian, der der Mutter über diese Zeit hinweghalf. Mit einem Physikbuch setzte er sich zu ihr, ließ sich Unverständliches von ihr erklären oder bat sie, ihm die Lateinarbeiten durchzusehen, wie der Vater es oft getan hatte.

Dann kam auch Albert mit seiner Grammatik und den Rechenaufgaben dazu, und es dauerte gar nicht lange, da war das Lernen mit den klugen Jungen eine liebe Beschäftigung, auf die sich Dorothea schon vorher freute.

Oft machte sie auch Zukunftspläne mit ihnen und spornte sie an, fleißig zu sein, damit sie auf der Universität Ehre einlegen könnten und tüchtige Männer der Wissenschaft würden.

Gelegentlich nahm Dorothea Erxleben auch Christian mit auf Krankenbesuche, wie es Dr. Leporin einst mit ihr gemacht hatte. Aber dem Jungen war alles Kranke so schrecklich, dass er bat, nicht mehr mit zu müssen. Und Dorothea drängte ihn nicht.

Zum Arzt muss man geboren sein, das hatte schon der große Hippokrates gesagt, und die Doktorin war von der Wahrheit dieses Ausspruchs überzeugt.

Christian würde auch auf andere Weise seinen Weg gehen, ebenso wie der stillere Albert, der mehr nach seinem Vater geartet war.

* * *

Nachdem über ein Jahr lang nur wenige Einquartierungen – und zwar preußische – in Quedlinburg gewesen waren, erschien am 18. Oktober der französische General Stainville und besetzte die Stadt, in der Absicht, sie nicht eher zu verlassen, bis man ihm 30 000 Taler Kriegsbeitrag und 12 000 Taler Douceurs ausgezahlt haben würde.

Die Kassen waren hier wie überall leer, und es war keine Kleinigkeit, die französischen Forderungen zu erfüllen. Verzweifelt versuchte der Bürgermeister, die Bedingungen günstiger zu gestalten, aber alle seine Vorstellungen und Bitten waren vergebens.

So mussten sich die Bürger auf eine längere Besatzungszeit gefasst machen. Und wie der General im Großen, so erpressten seine Soldaten im Kleinen.

Raub und Brandschatzungen waren wieder einmal an der Tagesordnung. Nach Einbruch der Dunkelheit traute sich niemand mehr aus dem Haus.

Eines Abends – Dorothea saß noch spät mit Christian über einer Chemieaufgabe, von der sie sich nicht losreißen konnten – wurde sehr heftig gegen den hölzernen Fensterladen geklopft und eine herrische, trunkene Stimme ließ sich vernehmen.

Die beiden erschraken sehr und rührten sich nicht. Erst als draußen laut und nach ärztlicher Hilfe geschrien wurde, öffnete Dorothea das Haustor und Christian leuchtete mit einer Laterne hinaus.

Unmittelbar vor der Schwelle lag ein junger Mann, der aus einer großen Stirnwunde blutete. In der Ferne hörte man eilige Schritte sich entfernen.

Der Verletzte lag wie bewusstlos, aber gerade als Dorothea sich über ihn beugte, bäumte er sich auf und schlug mit seiner Rechten wild um sich. Dabei traf er die Doktorin so unglücklich an der Brust, dass es ihr wie Funken vor den Augen stiebte und sie kreidebleich gegen die Hauswand taumelte.

Doch bald hatte sie sich wieder in der Gewalt und wandte sich dem Verwundeten zu. Christian rannte inzwischen schnell zur „Sonne" hinüber, wo noch Licht im Gastzimmer war, und trommelte die Hausknechte heraus. Diese kamen auch gleich mit und trugen den eilig Verbundenen, der das Bewusstsein noch nicht wiedererlangt hatte, in den Gasthof.

Noch lange zitterte in Dorothea die Erregung nach.

Als sie endlich nach oben ging und sich auszog, entdeckte sie an ihrer Brust, an der Stelle, wohin der Verletzte sie gestoßen hatte, einen riesigen Bluterguss.

Sie legte ein feuchtes Tuch auf, das sie mehrfach erneuerte, und schlief erst im Morgendämmern ein.

Nach einigen Wochen war an der Brust nichts mehr zu sehen und der unangenehme Zwischenfall wurde vergessen.

* * *

Je länger der Krieg sich hinzog und je mehr er äußerste Einschränkung von jedem forderte, umso schlechter wurde der allgemeine Gesundheitszustand, besonders in den Städten.

Mit Sorge beobachtete die Erxlebin, wie vor allem die Kinder unter einer mangelhaften Ernährung, die mancherlei Krankheiten zur Folge hatte, leiden mussten.

Es schnitt ihr ins Herz, wenn Mütter, selbst armselig anzusehen, oft Drei- bis Vierjährige auf dem Arm zu ihr schleppten, weil die Kleinen schwache krumme Beinchen hatten, die den aufgedunsenen Körper nicht tragen konnten.

Bäder mit Salz, das sie aus Schönebeck hatte kommen lassen, und Bäder, in die sie kräftige harzduftende Fichtenzweige vom nahen Gebirge legte, wandte die Doktorin an, und vor allem riet sie, die kränklichen Kinder, die man sogar im Sommer dick verpackt zu ihr brachte, möglichst viel der heilsamen Sonne auszusetzen.

Die Kräutertees, mit braunem Kandis gesüßt, schleckten die

Kleinen gern, ja sie nahmen sogar die bitterlichen Eisenpillen ein, wenn die liebe Frau Doktor sie ihnen in den Mund schob.

Immer wieder staunte Dorothea, wie die Natur doch ständig neue Kräfte entwickelte, dass selbst kümmerliche Geschöpfe trotz dieser Notzeit – der Krieg ging nun bald in sein sechstes Jahr – ohne rechte Ernährung und vielen Entbehrungen preisgegeben, lebenstüchtig wurden.

Und wie tröstlich war das Bewusstsein, dass trotz des Ernstes der politischen Lage Preußens im Winter 1760 und 1761 das Lachen der Kinder nicht ausstarb.

Sie tummelten sich mit ihren Schlitten, bauten Schneemänner und schlidderten auf den zugefrorenen Gassen, kamen dann mit hochroten Backen im Dämmerlicht nach Hause und brachten neuen Lebensmut an den elterlichen Tisch.

Auch im Pfarrhaus von St. Nikolai war es nicht anders. Und Dorothea freute sich, wenn die beiden Jüngsten, Anna und Hans, mit vor Begeisterung glühenden Gesichtern und ausgehungert wie kleine Wölfe zur Vesper heimkamen. Sie strahlte, wenn die beiden Großen, die Schlittschuhe am Arm, fröhlich von der Bode zurückkehrten, und strich ihnen die Brote doppelt so dick.

Allen entging es dabei, wie wenig sie selbst aß. Keiner aus der unbekümmerten Schar merkte, wie die Mutter allmählich blasser und elender wurde und oft sehr schnell ermüdete, sie, die sonst von früh bis spät die Rührigste gewesen war.

Wohl streifte Frau Leporins Blick zuweilen sorgend die Tochter, aber sie meinte, dass es die Trauer um den treuen Lebensgefährten sei, die Dorothea noch immer nicht verwinden könne, und daran mochte die Mutter nicht rühren.

Dorothea selbst war es auffällig, dass Wege, die sie sonst gar nicht angestrengt hatten, sie jetzt mit einem Mal angriffen, dass das Essen ihr oft nicht schmeckte und sie nächtelang keinen Schlaf fand, ohne dass sie eigentlich irgendwo Schmerzen hatte.

Um sich zu kräftigen, rieb sie sich eines Abends von Kopf bis Fuß mit Kräuteressenzen ein, die sie im vergangenen Sommer selbst in der Sonne destilliert hatte. Als sie sich vorsichtig über die Brüste strich, entdeckte sie zu ihrem Schrecken an der linken Seite eine Verhärtung, deutlich fühlbar, so groß wie eine Bohne.

Ängstlich beobachtete sie nun öfter diese Stelle und merkte, dass sie ständig größer wurde und auch bald anfing zu schmerzen.

Dorothea entsann sich sehr wohl, dieselben Krankheitserscheinungen, die ihr Körper zeigte, schon bei anderen Frauen gefunden zu haben. Sie versuchte die gleichen Mittel, die sie dort angewendet hatte, Salben und Umschläge mit Schellkrautabsud, und wusste doch von vornherein, dass sie damit bei sich ebenso wenig ausrichten würde wie bei den anderen.

Und trotzdem keimte in ihrem Innern, solange die Schmerzen nicht zu stark waren, still eine schwache Hoffnung, und deshalb sprach sie mit niemandem über das Leiden, das sie quälte. Sie versuchte sogar, die frühere Unbekümmertheit zur Schau zu tragen.

Konnte es denn nicht sein, dass diesmal die furchtbare Krankheit einen anderen, einen günstigen Verlauf nahm?

Wie oft schon waren Menschen gegen alle Voraussage der tüchtigsten Ärzte am Leben geblieben!

Ach Leben!

Nie war ihr der Gedanke gekommen, dass es jetzt, so früh schon, zu Ende gehen könnte.

Noch waren die Kinder nicht alle erwachsen. Sollten die Vaterlosen so bald auch ohne Mutter sein?

Sie hatte davon geträumt, die Söhne groß und berühmt zu

sehen, auf Schwiegerkinder und Enkel hatte sie gehofft, und nun ...?

Aber nein, es konnte ja noch alles gut werden.

Vielleicht versuchte sie noch einmal heiße Packungen mit Öl, um die Geschwulst zu lösen.

Und wirklich, mit dem zunehmenden Jahr schien Dorothea sich wohler zu fühlen.

Die Frühlingssonne lockte sie in den Brühl. Christian und die beiden Jüngsten begleiteten sie. Es machte ihr riesige Freude, zu sehen, wie gut ihr ältester Sohn in der Natur Bescheid wusste.

Der geborene Professor, dachte sie, wenn er den Geschwistern einen Blütenstand oder eine Gesteinsart erklärte. Aber mitten in dem stolzen Glück überfiel sie manchmal der Gedanke, dass sie seine Entwicklung und die der anderen nicht lange mehr würde beobachten können. Und sie hätte noch so vieles sagen wollen, so manchen Rat geben mögen.

Da die Schmerzen sich zeitweise ins Unerträgliche steigerten, von der Brust auch auf den linken Arm übergehend, und Dorothea so in ihrer Tätigkeit hinderten, schränkte sie ihre Praxis mehr und mehr ein. Nur ganz dringenden Wünschen folgte sie, und deren gab es noch immer genug für die schwerleidende Doktorin.

So hatte sie – es war im Mai – noch einmal eingewilligt, aufs Schloss zu kommen. Man sandte ihr einen Wagen und führte sie ans Lager der jüngsten Dekanissin Ernestine von Rott.

Nach dem Bericht der Dechantin und nach ihrer eigenen Beobachtung wusste Dorothea sofort, dass hier ein junges Leben am Erlöschen war.

Die Schwindsucht hatte die liebliche Frau gezeichnet, die auf ihre Frage immer wieder bestätigte, wie wohl sie sich jetzt fühle. Nur der Atem sei ein bisschen schwer. Auf Anraten der Doktorin wurden kräftige Waldkräuter geräuchert, deren belebenden Duft die Kranke begierig einsog. Nun wurde ihr das Sprechen leichter.

„Ich muss ja schnell gesund werden, denn im Juli holt mich der Vater zum Besuch nach Wien, dann bleib ich eine ganze Weile daheim!"

Das klang so freudig, dass Dorothea sich abwenden musste, um ihre Gedanken nicht zu verraten.

Du wirst den Sommer nicht erleben, arme Kleine, du nicht ... *und ich auch nicht,* dachte sie.

Ein wütender Schmerz raste plötzlich durch ihren Körper. Sie ging schnell aus dem Zimmer, weil sie fürchtete, das Stöhnen nicht unterdrücken zu können.

Als die Dechantin ihr nachkam, hatte sie sich schon wieder gefasst.

„Nun, selbst krank, Frau Doktor?", fragte diese ganz erstaunt, „hoffentlich nur vorübergehend!"

„Es ist bald vorbei!", sagte Dorothea sehr ernst, brachte dann aber gleich die Rede auf die kleine Rott.

„Und was meinen Sie, Frau Dr. Erxleben, was soll man ihr noch geben?"

„Sehr, sehr viel Liebe! Weiter braucht sie nichts mehr!"

Dann ging Dorothea Erxleben noch einmal zur Terrasse, wo schon die seltene Nessel, die es nur hier oben gab, blühte.

Lange sah sie über die liebe Stadt und die Augen wurden ihr feucht.

Es war ein Abschied.

Daheim angekommen, legte sich Dorothea zeitig zu Bett. Sie nahm die doppelte Anzahl Baldriantropfen wie sonst, aber sie konnte nicht einschlafen.

Die Schmerzen an der Brust und im Arm peinigten sie, hilflos war sie ihnen ausgeliefert, und unaufhaltsam flossen die Tränen, die sie tagsüber mit aller Willensanstrengung zurückgehalten hatte.

Wie gnädig ließ Gott die armen Lungenkranken hinübergehen! Wenn sie sich leicht und wohl fühlten, nahm er sie meist ganz sanft und schmerzlos zu sich.

Und sie selbst?

Verstümmelt war ihr Körper; es ekelte ihr davor.

Und der sinnlose Schmerz zwang sie, ihre Gedanken immer nur um die eigene Person kreisen zu lassen.

Wie fern waren ihr die liebsten Menschen oft! Wie wenig Liebe hatte sie noch zu geben!

Einmal in so einer schlaflosen Nacht kam ihr der Wunsch, einen anderen Arzt zu konsultieren, etwa den Kollegen Zeitz. Vielleicht könnte von dorther noch Rettung kommen? Aber so schnell, wie er aufgetaucht, wurde dieser Gedanke wieder verworfen.

Ihr Vater, ihr Mann, sie beide hatten sich nur von ihr behandeln lassen in grenzenlosem Vertrauen. Sollte sie selbst ...? Sie zweifelte ja auch nicht an ihrer Kunst, noch an der der anderen Ärzte, sie wusste es nur zu genau, dass hier in ihrem Fall aller menschlichen Erkenntnis eine Grenze gesetzt war.

Und diesem Wissen gegenüber gab es für sie nicht einmal den Trost, den sie anderen mit jedem Hoffnungsschimmer hatte schenken können.

* * *

In den ersten Junitagen – es war warm wie mitten im Hochsommer, ging Dorothea nicht mehr auf die Straße. Ihr einziger Patient war der alte Küster, der sich gern zu ihr setzte, wenn sie sich auf der Bank im Pfarrgarten ausruhte. Er wurde nie müde, von seinem Reißen zu erzählen. Geduldig hörte Dorothea dem Alten zu.

„Es tut mir schon gut, wenn die Frau Doktor ihre Hand auf mein krankes Knie legt."

Sie tat es.

Dankbar nickte der Weißhaarige.

„Und dann der Ameisenspiritus ... leider ist er bald alle ..."

„Lassen Sie sich neuen von meiner Mutter geben, Messert, und die Hanna kommt jeden Abend rüber zu Euch und reibt Euch ein. Ich kann's nicht mehr."

„Wird schon wieder werden, Frau Pastern. Wenn Sie erst mal so alt sind wie ich ...", er verschluckte die übrigen Worte und humpelte ins Haus.

Dorothea aber blieb versonnen sitzen und sah dem Spiel der jungen Kätzchen zu. Untätig hatte sie ihre Hände im Schoß, denn jede, auch die kleinste Bewegung bereitete ihr jetzt Schmerzen.

Selbst die sorglosen Kinder spürten in dieser Zeit die Veränderung, die mit der Mutter vorgegangen war, und waren zärtlicher und behutsamer zu ihr als sonst, immer in dem Gedanken, dass sie bald wieder gesund sein würde.

Christian, der sich gleich nach Pfingsten an der Universität in Göttingen einschreiben wollte, war ständig um die Mutter, und im Gespräch mit ihm schwanden oft die tiefen Leidensfalten um ihren Mund und die noch immer schönen Augen.

„Du musst an Magdalene schreiben, sie wird am elften dreißig Jahre. Aber ängstige sie nicht, erzähle nicht viel von mir."

Und als wollte sie auch die Gedanken des Sohnes von ihrem Zustand ablenken, fuhr sie heiter fort:

„Ich kann mich noch ganz genau an die Tauffeier erinnern. Der damalige Leibarzt der Äbtissin und Vater Leporins Vor-

gänger als Stadtarzt, der berühmte Dr. Schwalbe, Lenchens
Patenonkel, verwickelte mich in ein medizinisches Gespräch,
das sehr lange dauerte. Meine Mutter fand das unschicklich.
Sie schimpfte mich tüchtig aus zu Hause."

Dorothea lächelte verträumt.

Weit weg schienen ihre Gedanken zu wandern.

Und einmal – es war am Abend des 13. Juni –, als die ganze
Familie noch ohne Lampe im traulichen Gespräch zusammen
saß und Dorothea trotz der lauen Sommerwärme fröstelnd
um eine Decke bat, fragte Hans mit seiner hellen Knaben-
stimme in den von Mondlicht nur schwach beleuchteten Raum
hinein: „Mutter, was fehlt dir eigentlich? Du bist doch eine
Doktorin, du musst es wissen und dich gesund machen können." Die anderen erschraken.

„Ich weiß es, mein Junge, was mir fehlt", die Antwort kam
sehr leise, während sich eine Wolke vor den Mond schob, so
dass auch das letzte Licht aus dem Zimmer schwand.

„Und ihr alle", fing die schwache Stimme mit einem ganz fremden Klang wieder an, „ihr sollt es nun auch wissen: niemand kann
mich mehr gesund machen ... Es ist Gottes Wille ..."

Breit flutete nun wieder das Mondlicht herein, und im Pfarrgarten fing eine Nachtigall an zu singen.

Wie erstarrt saßen alle, selbst die Tränen kamen nicht gleich.

Leise war Dorothea in ihre Schlafkammer hinübergegangen,
sie merkte nicht, dass die Mutter ihr folgte. Auf einem Stuhl
sank sie hilflos zusammen und stöhnte vor Schmerzen.

Schließlich lösten sich verzweifelte Schreie von ihren Lippen.

„Mein Gott! Mein Gott!"

Allmählich ließen die Qualen nach. Und in einer Atempause, die der rasende Schmerz ihr gönnte, entzündete sie eine Kerze und erschrak, als sie die Mutter weinend am Fenster stehen sah.

„Mein liebes, mein armes Kind", flüsterte sie und sah selbst so hilfsbedürftig aus, dass es Dorothea rührte.

„Komm, ich ziehe dich aus, Dörte!"

Und so behutsam, wie man es der sonst oft so harten Frau gar nicht zugetraut hätte, löste sie die Kleider der Tochter und brachte die Fiebernde zu Bett.

„Es wird schon wieder besser werden", sagte sie und versuchte ihrer Stimme einen Klang von Trost zu geben, an den sie selbst nicht glaubte.

Aufs Neue peinigten die Schmerzen den zarten Frauenkörper. Die erstickten Klagelaute schnitten der Mutter ins Herz.

Dann senkte sich tiefe Ohnmacht wie eine Gnade über die qualvoll Leidende.

Frau Leporin wollte kühle Tücher aufs Herz legen, um das Leben anzuregen. Dabei sah sie die fürchterliche Verheerung, die die Krankheit dem Leib der Tochter zugefügt hatte. Erschüttert zog sie das Deckbett hoch bis ans Kinn der kaum noch Atmenden; sie versuchte weder stärkende Tropfen noch belebende Dämpfe, um die Arme ins Dasein zurückzurufen.

„So vielen hat sie geholfen und liegt nun so jämmerlich da, meine kleine Dorothea."

Unaufhörlich rannen ihr die Tränen über die Wangen.

Nach Stunden tiefer Bewusstlosigkeit ging noch einmal ein Zucken durch den schmächtigen Körper der Kranken.

Noch ein letztes Mal schlug sie die Augen auf, doch gleich verlor sich der Blick in unendliche Fernen, aus denen kein Weg zurückführte.

* * *

Dem alten Küster Messen verschwammen die Buchstaben vor lauter Tränen, als er mit zitternder Hand den Gänsekiel über das Sterberegister des Kirchenbuchs gleiten ließ.

Wie oft hatte die verstorbene Frau Pfarrerin gemahnt, die Komma und Punkte richtig zu setzen! Er konnte heute nicht daran denken. Auch die Schrift wollte nicht gelingen, so sehr er mit steifen Fingern malte:

1762: pag. 475 Nr. 93
Den 14. Junius Frau Doktor Dorothea Christiana geb. Leporin seel. Herrn Diaconi Joh. Christian Erxleben rel vidua auf die rechte Seite begraben mit der großen Glocke ist hor. d. zwaimal vorgelautet und um drei Uhr mit beiden zum Hingang. Das ganz Mynisterium ist mündlich nebst dem Schul-Collegio invitieret worden und habe die Procession ausgemacht. Obiit den 13. Hui an einem Brust Schaden alt 47 Jahr.

„Viel zu früh ... viel zu früh ...", murmelte der Alte und streute Sand auf das feuchte Blatt.